# 浩然正气 刚正不阿

## 正义让生命更具力量

主编 拾月
编著 冯雪

**图书在版编目(CIP)数据**

浩然正气 刚正不阿：正义让生命更具力量 / 冯雪编著. -- 北京：现代出版社, 2015.4（2024.12重印）

ISBN 978-7-5143-3543-9

Ⅰ. ①浩… Ⅱ. ①冯… Ⅲ. ①品德教育 – 中国 – 青少年读物 Ⅳ. ①D432.62

中国版本图书馆 CIP 数据核字(2015)第 067951 号

浩然正气 刚正不阿：正义让生命更具力量

---

**主　　编**　拾　月
**编　　著**　冯　雪
**责任编辑**　王敬一
**内文制作**　诚美天下文化传播有限公司
**出版发行**　现代出版社
**地　　址**　北京朝阳区安外安华里 504 号
**邮　　编**　100011
**电　　话**　(010)64267325
**传　　真**　(010)64245264
**邮　　箱**　xiandai@cnpitc.com.cn
**网　　址**　www.1980xd.com
**印　　刷**　唐山富达印务有限公司
**开　　本**　700mmx1000mm　1/16
**印　　张**　9
**版　　次**　2015 年 5 月第 1 版　2024 年 12 月第 4 次印刷
**书　　号**　ISBN 978-7-5143-3543-9
**定　　价**　57.00 元

# 前言

青少年是社会最宝贵的财富，是人类的希望和未来，正所谓“少年强则国强”。正因为如此，大至一个国家、一个民族，小至一个家庭、一个家族，都特别重视青少年的教育问题。希望他们成为社会的中坚，家族的骄傲。一句话，就是希望他们成为成功的人。于国，能成为有用的人才；于家，能成为顶梁柱。不仅仅要学习好，还要有辨别人世间的善、恶、美、丑的能力。在每个人的人生中，除了需要自身的因素之外，还需要拥有感受世界的能力。

处世、释然，能够消除疑虑和浮躁，树立正确的人生观和价值观。

美感、憧憬，能够发现并塑造身边的美，对未来的美好生活充满期待和向往。

尽责、勤奋，能够明白做任何事只有尽职尽责，勤劳奋进，才能收获成功的果实。

仁慈、奉献，能够学会换位思考，用个人的小爱去收获社会无私的大爱。

忠诚、正义，能够修身定性，塑造没有个人之私的，近乎圣贤先哲般的美德。

青春，是每一个人最美好的一段时光，也是每个人人格、性格定型的重要阶段，在这个时期，我们需要享受青春的快乐，同时也需要完成自我塑造。通过心理自助，最终从一个小男生、小女生逐渐成长为一个有着健全人格的人，成长为一个对社会、对家庭、对自我有着相对完整认知的人，成长为能够为自己的未来做主的人。这才是一个最充实、最有价值的青春。每个梦想都值得我们认真对待，每个青少年都是未来的希望。在青春之中，我们不仅要有欢乐，同时也要拥有未来！

本丛书是你化解烦恼的“心灵鸡汤”，可以给你增加快乐的心理自助法则；本丛书会让你认识到：掌控心理，方能掌控世界；改变自己，才能改变一切。本丛书还将告诉你：只有实现积极的心理自助，才能收获快乐而充实的青春。

# 目录

## 第一篇　正气凛然，世界需要公义

## 第二篇 树立三观，让心中有杆秤



## 第三篇 自我判断，让是是非非有个谱

# 目录

## 第四篇 执法严明，才有真正的正义

## 第五篇 公平原则，是正义的基石

第一篇

# 正气凛然，世界需要公义

正气，是一个民族的根基，是每个人心中永不熄灭的火种。当我们遇到不平之事，当我们遭遇压迫，甚至当我们的民族遭遇侵犯，正是这团在胸中燃烧的熊熊烈火，让我们勇敢反抗。

# 正义之义，公平处事的法则

## 故事话题

中国古代史中，朝代的更替往往都是从农民起义开始。中国历史上第一次大规模的农民起义就是由陈胜、吴广组织的“大泽乡起义”。

秦二世元年(即公元前 209 年)的秋天，陈胜和吴广原本只是个普通人，由于秦二世发布命令，命令他们和其余 900 余名戍卒必须要在某日抵达渔阳戍边。但是，当陈胜和吴广的队伍赶到了大泽乡的时候，突遇暴雨，令他们的队伍停滞不前。

在秦朝当时有这样的规定，如果不能按时抵达目的地，无论是什么原因，一律处死。陈胜和吴广认为，秦二世这种统治非常残暴。正所谓哪里有压迫，哪里就有反抗，于是他们率领戍卒杀死押解他们的军官，发动起义。这就是历史上著名的“大泽乡起义”。

陈胜和吴广讨伐的对象就是残暴的秦二世，很快便得到了各地不堪忍受压迫的农民的响应。尽管“大泽乡起义”最终以失败告终，但是它所带来的积极的影响是非常深远的，甚至贯穿着整个中国古代史。

## 故事解析

正义，就好比是一把悬在每个人头上的利剑，它取决于我们内心对事物的判定。就好比陈胜、吴广二人，他们内心对于公平的渴望，让他们敢于突破封建牢笼的束缚。

正义之义，是一种义气，更是内心对于公平的向往。在中国封建社会中，有太多的人都是为了追求公平、公正才走上了反抗道路，从最早的陈胜、吴广，再到后来的刘邦、朱元璋。正是这种不服输、不屈服的精神，让中国的历史在滚滚长河中不断前行。

正义，并不等同于权贵，并不是你的身份、地位高，你说的就一定正确，能够为了自己心中认为是正确的事情去努力，这同样也是一分正义。

无论是在古代，还是在现如今的社会中，正义是所有人需要的。当我们在这个社会中遭受到不公平待遇的时候，一定会在内心深处呼唤着正义的使者，但我们同样也要明白，正义的使者并非是别人，恰恰就是我们自己！

## 故事穿越

中国古典四大文学名著《水浒传》被很多人所熟知。这本书讲述了北宋末年，由于朝廷腐朽、官员腐败，在这种大背景下，以宋江为首的108名好汉因为各种原因被迫在梁山起义。

小说中有很多大家都非常熟悉的形象和故事，比如鲁提辖拳打镇关西，比如豹子头林冲棒打洪教头等等，尽管在朝廷的眼中，宋江等人都是土匪，可是他们所有人却都在劫富济贫，在百姓眼中，他们就是真英雄。

作者通过描写农民起义形象地揭示了起义的社会根源，并且怀着满腔热情歌颂了起义英雄反抗斗争的勇气和他们伟大的社会理想。造成这些人悲剧的并不仅仅是他们各自的性格，更重要的是在北宋末期这种时代背景之下，在这种残暴和腐朽的统治阶级下，任何人都不可能免俗。

在梁山上，众多好汉之间讲究的就是一个“义”字，这种情感超越了血缘、超越了性别，为了义气，这些梁山好汉甚至愿意奉献出自己的生命。这就是世间上的“正义”！

## 故事微语

正义，是很多人心中最基本的道德标尺，它不同于法律，具有强制性，在人和人之间的交往中，在每个人的为人处世中，正义往往具有指导作用。就如同《水浒传》里的诸多位梁山好汉一样，都是将义气放在首位。

在中国古典文化中，“义气”是备受推崇的，比如《三国演义》中刘关张“桃园三结义”，同样也是宣扬重情重义的。甚至这种习俗沿用到了今天，在金庸先生的武侠世界里，塑造了太多重情重义的侠客形象。这些无一例外地都说明了，在国人心中，往往更重视“义气”。

正义之义，在大多数时候指的就是要有侠义心肠，尽管我们不可能像金庸先生的小说里塑造的侠客那样行侠仗义，但在我们内心深处，要时刻保持着一颗赤子之心，要不畏惧挑战，也不畏惧强权，将正义发扬光大，这才是真正的正义！

## 心灵箴言

火不侵玉。

——刘禹锡

激浊扬清，嫉恶好善。

——吴兢

不畏义死，不荣幸生。

——韩愈

嫉恶如仇雠，见善若饥渴。

——韩愈

“正义”的胜利来自斗争。

——[英] 莫里斯

# 正直之正，公正规则的天平

## 故事话题

俄罗斯著名作家普希金出生在俄国一个贵族家庭里，家境殷实。但是普希金从小就和其他富家子弟不同，在他的心中，始终都保持着公平原则。在普希金身边，有两个人专门负责他的生活起居，一个叫尼基塔，另一个是他的奶妈阿琳娜。

有一天，尼基塔带着普希金在莫斯科的城里散步、玩耍。忽然，一个衣着华丽的男孩迎面走来，尼基塔看了他一眼，却没想到这可惹恼了那个男孩。那男孩不由分说就打了尼基塔一耳光。尼基塔被打之后一声不吭，直愣愣地站在原地，而那个打人的男孩却若无其事，扬长而去。

普希金看到这一切，非常生气，他大喝一声："站住，小坏蛋！你凭什么打人？"他一边说一边追了上去，一把揪住那个男孩的衣领，当即还了他一记耳光。

男孩被打之后也很生气，就和普希金厮打起来。尼基塔赶忙跑过去，强行把他们拉开，并劝普希金说："主人，您还小，并不懂得奴仆生来就是挨打受骂的命啊！"

普希金听到他这样说，就纠正道："你说错了！以前我看过一本书，上面这样写着——贵族和奴仆都是上帝的儿子，上帝的儿子生来就是平等的。所以，那个小坏蛋无权打你！"普希金一边说一边怒视着那个男孩，"你要向我的尼基塔大叔赔礼道歉，不然，我就要与你决斗！"

男孩看到普希金如此强硬，就很不情愿地向尼基塔鞠了一躬，然后悻悻地走开了。

## 故事解析

尽管在当时的俄国，贵族和仆人之间是两个阶级，阶级等级森严，贵族认为自己理所应当地在仆人之上，所以可以肆意妄为地欺压他们。但是普希金内心却十分不认同这样的举动，在他眼里，人和人之间是平等的，尽管大家身份、地位都不尽相同，但这并不代表一个阶级可以凌驾于另一个阶级之上。

尽管当时普希金年纪很小，可是他内心却非常清楚，只有在这个社会上达到公平的原则，才是真正的正义。所以他敢于去向这种不良现象做斗争，敢于为自己的仆人争取正当权利。

在现实生活中，我们也时常会遭受到不公正的待遇，但我们不能因为这样就否认这个社会的公正。正义就如同一颗种子，埋藏在每个人心灵的土壤深处，时刻提醒着我们，应该如何面对现实，应该如何去处理事情。

正直、正义，是内心的一根标尺，以测量的视角去评判正确和错误，尽管有时候我们并不会真正注意到它，但我们的言行举止却恰好说明了，正直、正义无处不存在。

## 故事穿越

南非前总统曼德拉，是南非人民的精神领袖，他自幼就在内心中建立了追求正义的崇高理想。

作为南非第一位黑人总统，曼德拉同南非种族隔离的制度进行了几十年不屈不挠的斗争，赢得了全世界人的支持和喝彩。所以，有人说，曼德拉已经成为一个时代的象征，更是展现人类追求公平、公正的象征。

曼德拉出生在一个小村庄，9岁那年父亲就不幸去世了。但是噩梦并未结束，从小曼德拉就经常目睹当地大酋长在解决部落争端过程中被白人政府的法律所约束，在这种环境下，他逐渐萌发了寻求正义和平等的理想。在学校上学时，他多次领导同学抗议学校的白人法规，甚至因领导学生运动而被学校除名。在一次次的“斗争”中，曼德拉逐渐立下志愿：要为南非的每一个黑人寻求真正的公正。

正是因为有着这样崇高的理想，他将毕生的精力都用在了斗争上，并且取得了卓越的成绩。

## 故事微语

我们每一个人的心中都存在着正义感。当一个带着正义的人战胜邪恶时，就代表了所有拥有正义的人战胜了邪恶。有时邪恶的势力很大，并不只是靠一两个人便可战胜的，所以当有邪恶势力出现时，所有的人都会去战斗，哪怕只有一个人，也坚决不向恶势力低头。曼德拉就是这样一个昂首挺胸站在恶势力面前的英雄。

我们每个人心中都包含着正义，这分正义感体现在生活的方方面面：比如我们看到弱小的群体遭受了歧视，我们都会对他们充满了同情心，甚至不惜捐款去帮助他们；比如当国家遭受了重大灾难的时候，很多人都自愿到灾区去帮助灾民……支配我们这些举动的，正是内心深处的正义感。

我们每个人都在追求公正和公平，而正义恰恰就是代表着公正和公平的标志。尽管现实中总会出现一些不好的事情，但只要我们心怀正义，就不会被邪恶所恐吓，更不会因为一时的失利而感到脆弱。

正义，就如同一个盾牌，保护着我们的世界不受到侵害；正义，就如同一把利剑，时刻惩戒着邪恶势力。

## 心灵箴言

剑是正义的仆人。

——[英] 埃·斯宾塞

慷慨是正义的花朵。

——[美] 霍桑

立身一败，万事瓦裂。

——柳宗元

君子出处不违道而无愧。

——欧阳修

烈士之所以异于恒人，以其仗节以配谊也。

——刘禹锡

# 民族大义，自我奉献精神

## 故事话题

一首《过零丁洋》，让那句“人生自古谁无死，留取丹心照汗青”成为了千古名句，更让文天祥的精神流传千古。

作为南宋的一名文官，面对蒙古铁骑的威胁，文天祥毅然决然地拿起了武器，走上了战场。当南宋的军队节节败退、溃不成军的时候，文天祥依然不放弃反对异族侵略的精神，他拿出自己的全部3万两白银在家乡招募义军，抗元救国。对于他的这种行径，周围的人都无法理解，就问他说：“蒙古兵力那么多，你就这么点人，怎么能够抵挡得住呢？”文天祥却说：“国家有难而无人解救，是我最心疼的事。虽然我的能力有限，也要为国尽力！”

在文天祥被俘虏之后，蒙古大将军张弘范非常敬重文天祥的为人，想将他收为己用，不停地劝他投降，文天祥却不为所动。无论是高官厚禄，还是生命安危，都无法打动文天祥的决心。

张弘范以为文天祥是在意自己的名誉，就对他说，历史永远都是战胜者来书写，南宋已经灭亡，你的忠心耿耿也算是仁至义尽，你投靠了元朝，也不过是识时务者。文天祥非常气愤地说：“国亡不能救，作为臣子，死有余罪，怎能再怀二心？”

眼看着文天祥态度坚决，元朝统治者对他毫无办法。最终文天祥为了民族尊严，为了自己作为南宋臣子的尊严，从容就义。

## 故事解析

一句“人生自古谁无死，留取丹心照汗青”，道出了民族大义的灵魂。对于个人而言，身体的死亡是不可逆转的悲剧，但是对于一个民族而言，个人的得失确实是微不足道的，如果能够通过一个英雄的死亡而唤醒人们心中的民族大义，那同样是值得的。

中国古代史中，有过称霸的辉煌，同样也经历过被外族侵略和践踏的耻辱，但是在漫长的岁月中，中国仍然在东方屹立不倒，真正的原因就是民族大义。

正所谓，人固有一死，有的人轻如鸿毛，有的人重于泰山。为了民族大义，有很多仁人志士奉献出了生命，无论历史如何变迁，我们都不会忘记他们的姓名，他们有着同一个名字，叫“民族英雄”！

## 故事穿越

曾经有这样一个故事，激励着一代又一代的年轻人：有一个女战士，名叫赵一曼，原名李坤泰。在反满抗日的战争中，她牺牲了自己的生命，只为了维护自己心中的信仰和民族尊严。

在和日军作战的过程中，赵一曼为了掩护部队撤离腿部负伤而被俘虏。为了能够得到有价值的情报，日军先是用各种诱惑，企图动摇赵一曼的信念，但是赵一曼不为所动。日军又转换方法，对赵一曼动用酷刑——用马鞭沾着盐水抽打她腿部受伤的伤口，赵一曼因为疼痛而晕厥过去，她都没有屈服。

遭受酷刑之后，赵一曼的伤势愈加严重，生命垂危。日军猜测这个女人一定是抗日联军中的军官，一定知道很重要的情报，于是他们就将赵一曼同志送到了医院进行监视治疗。在医院里，赵一曼抓住机会努力向看守她的警察董宪勋与女护士韩勇义传递爱国主义的思想，坚定他们不做亡国奴的信念。在董宪勋和韩勇义帮助下，赵一曼逃离了医院。

但是不幸的是，赵一曼很快在另一次的行动中，再次落入敌人的魔爪。这一次，日军更加疯狂地对她实施酷刑——电刑、竹签扎手、灌辣椒水……但是赵一曼只说了一句："我的目的，我的主义，我的信念，就是反满抗日。"除此之外，她不再发出任何声音，即便是面对酷刑，赵一曼宁可咬烂自己的嘴唇，也绝不发出痛苦的呻吟。

1936年8月1日，赵一曼在珠河县（今黑龙江省尚志县）小北门外英勇就义，年仅31岁。在临行前的那个晚上，赵一曼写下了给儿子的遗书："母亲对于你没有能尽到教育的责任，实在是遗憾的事情。母亲因为坚决地做了反满抗日的斗争，今天已经到了牺牲的前夕了。希望你，宁儿啊，赶快成人，来安慰你地下的母亲！在你长大成人之后，希望不要忘记你的母亲是为国而牺牲的。"

赵一曼英勇就义之后，陈毅同志评价赵一曼道："生为人民干部，死为革命英雄。临敌大节不辱，永记人民心中。"

## 故事微语

赵一曼的英雄事迹，只是那个时代的一个缩影。在日本侵略者践踏中国领土、屠杀中国百姓的时候，有太多太多的“赵一曼”式的英雄涌现出来，正是他们的自我奉献，才有了现如今我们安定美好的生活。

中华民族在新形势下的民族大义是什么？用一句简单的话来概括：实现中华民族的伟大复兴。相对于民国时期“救亡图存”的民族大义而言，“民族复兴”则反映着我们现在和将来求发展、图富强的根本愿望。这是今天我们倡导的民族大义的要义所在，更是一百多年来中国仁人志士为之奋斗的理想。

从“救亡图存”到“民族复兴”的历史变迁，正是中华民族从苦难中走向崛起的艰难历程，也是我们这个民族进入新时代后的重大使命。作为新一代的青年人，我们更要清醒地认识和牢牢把握这个民族大义的核心内容，在民族大义的旗帜下不断增强全民族的凝聚力，万众一心冲破各种压力，不断推进民族复兴的发展进程，这是历史的启示，也是未来的呼唤，

## 心灵箴言

士穷乃见节义。

——韩愈

名声之善恶存乎人。

——韩愈

宁可玉碎，不能瓦全。

——李百药

宁以义死，不苟幸生，而视死如归。

——欧阳修

# 光明磊落，坦坦荡荡做人

## 故事话题

曾经被选入“感动中国”的劳动模范郭明义，他一直在自己的工作岗位中默默地付出。自从 1996 年担任齐大山铁矿生产技术室采场公路管理员至今，他一直保持着光明磊落的作风。

每天早上，他坚持要早 2 个小时上班，在这几十年中，他累计自愿工作 15000 多个小时，相当于多干了 5 年的工作量。他积极帮助工友，谁家里有点事情，郭明义都自愿帮助他人工作。

郭明义不仅在工作中勤劳踏实，更是为这个社会贡献着自己的力量。他一直是献血志愿者，连续 20 年坚持献血，献血量超过了 60，000 毫升。2002 年，郭明义加入中华骨髓库，成为鞍山市第一批捐献造血干细胞志愿者。2006 年，郭明义成为鞍山市第一批遗体和眼角膜自愿捐献者。

1994 年以来，郭明义号召身边工友为希望工程和灾区群众捐款 12 万元，先后资助了 180 多名特困生，但是郭明义自己家却过着非常清苦的日子。时至今日，郭明义和自己的妻儿还住在鞍山市千山区齐大山镇一个 80 年代中期所建的、不到 40 平方米的一居室里。

郭明义曾先后获部队学雷锋标兵、鞍钢劳动模范、鞍山市特等劳动模范、全国无偿献血奉献奖、中央企业优秀共产党员、全国“五一劳动奖章”等荣誉称号，是鞍山市无偿献血形象代言人。

感动中国
劳动模范

## 故事解析

每个人都渴望能够光明磊落地活下去，不违心说自己不愿意说的话，不违心做自己不愿意做的事情，那这一生该有多美好！但是现实却总是残酷地提醒我们，有些时候，我们常常会身不由己，甚至是无法选择。

其实这不过是我们给自己找的借口，想借此让自己的内心好过一点。但是这样遮遮掩掩，甚至自欺欺人，只能让自己离光明磊落更加遥远。

郭明义虽然没有太多的钱财，也没有值得炫耀的地位，更没有人的才学，可就是这样一个普通的工人，依靠着自己的双手实现了自己的人生价值。和很多人相比，他已经是光明磊落地活了一回！

光明磊落，是一种自我满足的内心状态，是对自己价值的肯定。即便我们没有金钱、没有地位，也能够坦然地说，我对得起自己的生命。这才是真正的光明磊落！

## 故事穿越

明朝著名的理学大师刘理顺少年时家贫，到了赴京应考的时候，他都拿不出盘缠。无奈之下，只好先在一家中任教，赚取路费。他的雇主是一名员外，见刘理顺博学多才，教学有方，就非常器重他，甚至选了一名伶俐的侍女，去照顾刘理顺的饮食起居，其实他的意思就是赠送与刘理顺为妻。

刘理顺对这名侍女一直以礼待之，白天他教员外的儿子读书，夜间自修。就这样又过了3年，刘理顺终于攒够了上京赶考的盘缠，于是就找员外辞行。临行时，刘理顺请员外替侍女选配一位好丈夫。员外一听甚为不解，以为刘理顺看不起侍女的出身，于是无奈地说："她已陪伴你3年了。若是此去金榜高中，将来她可作为侍妾。"刘理顺说："东翁！您以为我是无情无义之小人吗？虽然同宿3年，却未曾有任何儿女私情，更没有半点的越礼之举。"员外闻言甚感诧异，特地请家中老妇向侍女查问，果然如同刘理顺所言。员外对刘理顺3年来见色不乱的高尚人格钦佩万分，实是光明磊落的正人君子，征得刘理顺同意，收为义子，厚赠金银衣物，助他上京赴考。

放榜之日，刘理顺高中状元，才德兼备，成为明代著名的理学大师，受人敬重，名誉显贵。

## 故事微语

光明磊落之人，往往能够心怀坦荡，更能够抵挡住人世间的诱惑。刘理顺在面对诱惑的时候，仍然能够保持君子风度，不骄不躁，甚至从未因此而感到苦恼，这种胸怀怎能不让人敬佩。

真正的光明磊落，是胸怀坦荡而不拘小节。他们不会太过于在意那些小事，更不会因为这些而影响到自己的人生方向。

真正的光明磊落，是积极人生的心态。他们不会被负面情绪所掌控，更不会让它们坏了自己的心情，他们本着“既来之则安之”的心态去面对人生的种种困难，即便是面对挫折，也能够调整状态。

## 心灵箴言

生活是欺骗不了的，一个人要生活得光明磊落。

——冯雪峰

一个人做点好事并不难，难的是一辈子做好事，不做坏事。

——毛泽东

自以为聪明的人往往是没有好下场的。世界上最聪明的人是最老实的人，因为只有老实人才能经得起事实和历史的考验。

——周恩来

一个人最怕不老实，青年人最可贵的是老实作风。“老实”就是不自欺欺人，做到不欺骗人家容易，不欺骗自己最难。“老实作风”就是脚踏实地，不占便宜。世界上没有便宜的事，谁想占便宜谁就会吃亏。

——徐特立

# 浩然正气，心无旁骛做事

## 故事话题

包拯在百姓心中有一个响亮的称号——“包青天”，在民间，有太多太多关于他刚正不阿、秉公执法的故事，其中最著名的就是《铡美案》。

10 年苦读的陈世美进京赶考，高中状元，后来他被仁宗看中，招为驸马。可是陈世美早在家乡有了妻儿，在他没有高中状元之前，正是妻子秦香莲的辛苦才换来了他今天的成功。可是为了高官厚禄，为了荣华富贵，陈世美决定隐瞒自己已婚的事实，和公主成了亲，成为了当朝驸马爷。

在家乡辛苦劳作的秦香莲久无陈世美音讯，就决定携子上京寻夫。没想到，她等来的消息竟然是自己的丈夫已经成了驸马，她伤心欲绝，想要去找陈世美理论，但陈世美不肯与其相认，更狠心地派韩琪半夜追杀。

韩琪是个充满了侠义心肠的正义之士，他不忍下手也不好违背驸马的命令，就自尽身亡，秦香莲反被误为凶手入狱。在陈世美的暗箱操作下，秦香莲被发配边疆，半途中官差奉命杀她，幸为展昭所救。展昭将秦香莲带到了包拯面前，包拯决心为秦香莲和两个可怜的孩子讨回公道。

包拯派展昭到陈世美家乡调查，包拯找得人证物证，欲定驸马之罪，但是公主与太后听到消息后，立刻赶到公堂之上阻挡，但包拯还是坚持将陈世美送上龙头铡。

令
令
令
令

## 故事解析

包拯的故事流传千古，尽管有很多故事都是民间传说或者是小说演绎，但是都突出了包拯的浩然正气，为了正义，无论是多么大的强权，他都坚持“王子犯法，与庶民同罪”的原则。

浩然正气，是一个人尊严的体现，更是支撑着一个民族发展和强大的根本。我们常常能看到新闻媒体中提到社会风气这个词，当我们每个人的内心中都保持着浩然正气，那么这个社会的风气自然是充满了正义感。

自古以来，正所谓“邪不压正”，也就是说，任何不良风气都无法压制住人们内心中的正义感，即便是邪恶势力能够一手遮天，那也只是一时的，就好比在历史上无数的贪官污吏最终都受到了正义的审判，而浩然正气的清官才能够千古流传！

## 故事穿越

风靡一时的动漫《名侦探柯南》陪伴了无数人的成长。原本是高中生名侦探的工藤新一无意中发现了黑暗组织的交易，被发现后就被灌下了一种神秘的毒药而导致身体变小了。为了调查黑暗组织，也为了找到解药，工藤新一只好改名为江户川柯南，并且在同样是侦探身份的毛利小五郎家生活下来。

因为毛利先生的缘故，柯南常常会遇到各种各样的案情，但是无论案情多么扑朔迷离，无论嫌疑犯是什么身份，无论嫌疑犯的手法多么高超，柯南都坚持“真相只有一个”。

他不仅成为罪犯的克星，同时也离那个神秘的黑暗组织越来越接近，尽管这条道路上充满了无尽的艰难险阻，甚至会有生命危险，但是柯南都毫不畏惧。

## 故事微语

尽管这只是一部动画片，但是却向我们展示出一个非常直白的道理——正义永存！正如同柯南那句最经典的台词一样——“真相只有一个！”

当然，在现实生活中，我们并不可能遇到这样的神秘组织，也不会有柯南这样的经历，可是我们仍然要铭记，只要自己内心坚定，就不会被任何事物所吓倒。要坚信，这个世界上，公义长存！

## 心灵箴言

本性流露永远胜过豪言壮语。

——[德] 莱辛

质朴却比巧妙的言辞更能打动我的心。

——[英] 莎士比亚

公正，一定会打倒那些说假话和假作证的人。

——[古希腊] 赫拉克利特

给人幸福的不是身体上的好处，也不是财富，而是正直和谨慎。

——[古希腊] 德谟克利特

# 第二篇

# 树立三观，让心中有杆秤

每个人的心中，都有属于自己的三观——人生观，让我们能够充分了解人生；世界观，是我们看待和掌控这个世界的关键；价值观，是内心对于事物看法的根本体现。每个人都离不开三观，尽管它是无形的，但是却时刻影响着我们的人生，甚至成为决定我们人生成败的关键！

# 人生观，实现自我价值

## 故事话题

欧洲一位非常著名的女高音歌唱家，仅仅30岁就已经誉满全球，而且她拥有一位如意的郎君和一个美满幸福的家庭。在很多人眼里看来，她的人生非常圆满，生活也一定非常幸福。

有一天，歌唱家举办完自己的音乐会之后，她和丈夫带着孩子准备离开，被一群粉丝团团围住，大家都想借着这次机会向歌唱家表达自己内心的赞美。有人恭维歌唱家少年得志，大学刚毕业就走进了国家级剧院，享誉盛名；有的人恭维歌唱家25岁就被评为世界十大女高音之一，年轻有为；也有的恭维歌唱家有一个优秀的丈夫，而膝下又有个活泼可爱、脸上永远洋溢着笑容的小男孩。

但是女歌唱家都只是静静聆听这些赞美，当大家都安静下来之后，她才缓缓地说道："首先，我很感谢大家对我的厚爱，也谢谢你们对我家人的赞美。但是，你们只是看到了一个方面，或许你们不知道，站在你们眼前的这个可爱的男孩却是一个不会说话的哑巴，而他还有一个需要被关在屋子里的患有精神方面疾病的姐姐。我有着一个幸福的家庭，有成功的事业，但我同样也是一个焦心的母亲。"

歌唱家的这番话让在场的所有人都大吃一惊，因为在公众眼中，她始终都是那么成功、那么幸福。歌唱家又平心静气地对人们说："我和大家说这些并不是向你们诉苦，而是这些都表明了一件事情：上帝是公平的，只要我们用自己的智慧和汗水去接受上帝的给予，用坚强的毅力去面对生活中的挫败，成功之门总有一天会为我们敞开！"歌唱家的话音刚落，周围就响起了一片雷鸣般的掌声。

总经理

## 故事解析

每个人的人生都不尽相同：有的人出生之后，就失去了身体的某项机能，成为残疾人，有的人刚一出生却享受荣华富贵；有的人天生拥有某种天赋，成就人生；有的人却毫无建树，平凡一生。

但是，无论我们的人生经历了什么，这个人生都是独一无二的，都是属于我们自己的。虽然我们的生活轨迹和工作都非常平凡而普通。但是我们也不能因此而妄自菲薄，认为自己注定了会一事无成，其实这本身就是一种错误的人生观。

面对人生，我们应该鼓起勇气，去完成自己的人生理想，尽管大多数人的人生都是普通的，但是这种普通也能够成就为不平凡。

## 故事穿越

1987 版电视剧《红楼梦》中林黛玉的扮演者陈晓旭曾经说过这样一句话："《红楼梦》为我打开了一扇窗，让我看到了一个五彩缤纷的世界，但是它却又将这扇门关上了。"

她之所以有这样一番醒悟，完全是因为她在表演完《红楼梦》之后的经历。当时，1987 版《红楼梦》获得了空前一致的好评，无论是陈晓旭版的林黛玉、欧阳奋强版的贾宝玉，还是邓婕版的王熙凤，都成为人们津津乐道的话题。

按理说，在事业上有这样高的起点，他们应该能够在演艺道路上一帆风顺地走下去，可是陈晓旭却在《红楼梦》之后无戏可拍。原来，正是因为她的林黛玉太成功了，在很多观众心中，林黛玉就等于陈晓旭。而陈晓旭也等于林黛玉。

演艺道路上没有了新的机遇之后，陈晓旭度过了一段非常迷茫的时期，她曾经有过很多尝试，比如出国留学，比如回老家工作，但这些都并不适合她。一次偶然的机遇下，陈晓旭接触到了广告行业，她终于找到了适合自己的人生道路，不仅成立了自己的广告公司，甚至一度成为这个行业内的女强人。

## 故事微语

虽然现如今陈晓旭已经因病过世，但是她的经历却带给我们非常大的启示：人生的机遇非常奇妙，有时候它能够带领我们走向辉煌，有时候却能够禁锢住人的脚步。可是不管遇到什么样的困境，我们内心都不能放弃，更不能放任自己。

树立一个正确的人生观，不仅有利于个人的成长，同时也能够成为我们对抗外界压力和挫折的根本因素。

在少年时代，我们每个人对自己的人生都有着一个懵懂的规划和认知，随着年龄的增长，人生目标和理想也会逐渐清晰。但是，在追梦的过程中，任何人都会遇到一些未知的挑战、难以避免的挫折，但是只要我们内心清楚自己的人生价值，就能够拥有信心和力量去战胜这些。

## 心灵箴言

我们要把人生变成一个科学的梦，然后再把梦变成现实。

——[法] 居里夫人

我认为人生最美好的主旨和人类生活最幸福的结果，无过于学习了。

——[法] 巴尔扎克

我们要追求那真实的功业，要追求对宇宙人生更深远的了解；要追求永远超过狭小生活圈子之外的更有用的东西。

——[英] 罗曼·罗兰

一个人若能对每一件事都感到兴趣，能用眼睛看到人生旅途上、时间与机会不断给予他的东西，并对于自己能够胜任的事情，决不错过，在他短暂的生命中，将能够撷取多少的奇遇啊。

——[美] 劳伦斯

# 价值观，对价值的正确认知

## 故事话题

被誉为“全球华人首富”的李嘉诚一直以来都致力于慈善公益和自己的社会责任。早在2002年，他就在北京和上海创办了为中国培养“世界级企业家”的长江商学院，来自联想、首钢、中国网通、万科、GE、INTEL等本土或跨国公司的近千名中国商界政界的中高层管理者都曾就读于此。

曾经有媒体采访过李嘉诚，询问他这样做的原因究竟是什么？李嘉诚坦言说，经营企业的主要动机是为盈利，而传统的儒家思想推崇道德标准的作用，像今天很多商业管理课程则强调效益和盈利是衡量企业成功与否的主要标准，这两种有着明显冲突和矛盾的取向都是不完整的。一个有使命感的企业家，在捍卫公司利益的同时，更应重视以努力正直的途径谋取良好的成就，正直赚钱才是最好的。

李嘉诚坦言，每个成功的企业都离不开社会的支持，所以企业本身同样具有一定的社会责任，并且随着时代的进步，这种社会责任已经成为中国企业参与全球竞争、分享全球市场所面临的新挑战。所以，李嘉诚一直置身于慈善事业，并且在自己古稀之年后创建了李嘉诚基金会，称之为自己的“第三个儿子”。基金会自创立至今，已捐资公益事业超过65亿港元，主要在教育与医疗两大领域，长江商学院就是其中之一。

对此，李嘉诚只是说：“希望大家报慷慨宽容的胸怀，打造奉献的文化，实现我们人生最有意义的目标，为我们心爱的民族和人类创造繁荣和幸福。”

65亿
学校
基金会

## 故事解析

李嘉诚作为华人首富，并没有独善其身，更没有为富不仁，而是在内心中埋下了慈善的种子。之所以能够有这样的举动，正是和他的价值观有着非常重要的关系。

笼统来说，价值观就是对于人们在认识各种具体事物的价值的基础上，形成的对事物价值的总的看法和根本观点。一般来说，价值观主要体现在对于金钱、名利等方面的认知，有的人对于金钱非常看重，甚至成为金钱的奴隶，成为葛朗台式的人物；有的人却能够保持洒脱的认知，比如李白那句"天生我材必有用，千金散尽还复来。"

金钱、名利，并不是人生最主要的追求，换句话说，这个世界上有太多的东西都比金钱和名利更重要、更值得我们去珍惜，但是能够认识到这一切，必须要在成长过程中建立正确的价值观。

## 故事穿越

曾经入选了“2010 年安徽十大新闻人物”的刘丽只是一个非常普通的女孩子，甚至是被很多人都看不起的“洗脚妹”。

刘丽出生在一个非常贫困的家庭中，她没有无忧无虑的童年，从记事开始，她就一直做着力所能及的家务。在她 14 岁那一年，刚刚初中毕业的她就选择了外出打工，希望能够用自己的双手给自己的弟弟妹妹挣学费，不想让他们走自己的老路。

但是因为学历太低，她本身也没有一技之长，只能在一家足浴城里做“洗脚妹”的工作，每个月的薪水不过两、三千而已。可是每个月她都将自己的工资分为三份，一份供自己开销、一份寄回家给父母和弟弟妹妹，另一份则是用于资助那些贫困学生。

在十几年的时间里，刘丽就是凭借着日积月累的努力资助了近百名贫困学生，被评为“2010 年安徽十大新闻人物”，并且被网友们成为“中国最美的洗脚妹”。

在面对媒体的采访的时候，刘丽说，自己因为学历低，没有本事去赚大钱，但是她深深地知道那些贫困学生因为钱的缘故而中止学业是多么痛苦的一件事情，她不愿意让这种事情继续发生，虽然自己的能力有限，但是会一直坚持下去！

## 故事微语

刘丽不过是一个最平凡的女孩，甚至比起很多普通人而言，她都是不幸的——她没有光鲜亮丽的容貌，没有体面的工作，甚至没有一个快乐的童年。但是她并没有因此而非常看重金钱，相反，她更懂得给予的重量。

每个人，都有价值观，因人而异。一般来说，价值观也可分主观与客观：主观价值观往往“显现”于人的脑海中，它支配着人的行为意识；而客观价值观，确切地说，它也真实存在，区别在于——它不以人的意识为转移，所以它反映了人的行为意识。

人生在世，最大的成功莫过于能最大限度地体现自身价值，而这一切是否能够成真，都取决于我们是不是拥有一个正确的价值观。人生的真正价值是体现自我，而不是那些物质和金钱，只有认清了这一点，才能够抛开世俗认知，勇于奋斗。

## 心灵箴言

失败也是我需要的，它与成功对我一样有价值。

——[美] 爱迪生

工作就是人生的价值，人生的欢乐，也是幸福之所在。

——[法] 罗丹

友谊之于人心，其价值真有如炼金术上常常所说的他们的宝石之于人身一样。

——[英] 培根

一个人对社会的价值，首先取决于他的感情思想和行动对于人类利益有多大作用。

——[美] 爱因斯坦

# 世界观，外界的把控

## 故事话题

中国近代力学之父，著名的科学家、教育家钱伟长早年攻物理学，留学加拿大期间已经显露出非凡才华。28 岁时，他的一篇论文已经让爱因斯坦大受震动，并迅速成为国际物理学的明星。

新中国成立之后，钱伟长拒绝美国科学界的诱惑，忠于祖国，坚决回到中国为国效力，坚持实现“科学救国”的抱负。为新中国开创了力学科学教育体系。他学贯中外，对中国科学事业的发展做出了巨大的贡献。

1957 年，钱伟长被错划为右派，受到不公正待遇，但是他仍然没有放弃科研和对祖国的忠诚。1977 年，他的冤案被平反，钱伟长仍然不辞辛劳，去祖国各地做了数百次讲座和报告，提倡科学和教育，宣传现代化，为富民强国出谋划策。

1990 年之后，他为香港、澳门回归祖国及和平统一祖国的大业奔走。曾有人评论说，钱伟长简直就是一名全才，他在科学、政治、教育每个领域取得的成就都是常人无法企及的。可是钱伟长却说：“我没有专业，国家需要就是我的专业；我从不考虑自己的得与失，祖国和人民的忧就是我的忧，祖国和人民的乐就是我的乐。”他用 60 多年的报国路诠释了自己一直坚持的专业：爱国。

## 故事解析

世界观是人们对整个世界的总的看法和根本观点。由于人们的社会地位不同，观察问题的角度不同，形成不同的世界观。或者有人会认为，世界观并不像人生观和价值观那样善于理解，似乎和现实生活之间的关联并不大，毕竟这个世界并不以个人意志为转移。

但实际上，每个人和这个社会都有着千丝万缕的关联，甚至有很多时候，这些联系都是无形且不能割断的。世界观更浅显一点的解释就是，人对社会、对社会中的人和事的基本认知。

每个人的人格都是独立的，但是我们每个人都要依附于这个社会而存在，那么如何看待社会、如何看待社会人，都是世界观的体现。所以，建立一个正确的世界观是非常重要的，它不仅能够帮助我们更好地认识社会，同时也能让我们更好地处理自己和社会之间的关系。

## 故事穿越

王万青是非常普通的一名医生，可是他也是非常不平凡的医者。1968 年，王万青从上海第一医学院毕业后，没有留在各方面条件都非常优越的上海，而是自愿到条件极为艰苦的甘南州玛曲县工作，并且在这个贫穷落后的玛曲草原一呆就是 42 年，其间，他多次放弃了回上海的机会，凭着对玛曲人民、对藏族同胞的深厚感情，艰难地通过了生活关、语言关，毅然选择长期留守在高原。

在长达 40 多年的时间里，他克服了重重困难，全心全意为牧民群众解除病痛，得到了广泛的尊敬和爱戴，书写了一段藏汉水乳交融的民族团结佳话。

在这里，王万青每年接诊病人 3500 余人次（当时这个县总人口 3400 余人），20 年累计接诊 7 万余人，累计手术上万例。我们不难想象，在当时医疗设备不足、乡卫生院基础设施极其简陋的条件下，他以精湛的医术，以一名医生高度的责任心成功救治了无数个生命垂危的患者。

王万青高度重视高原疾病预防控制工作，为此，他和藏族妻子凯嫪一起起早贪黑，逐一给当地牧民实施预防接种。他曾背着 X 光机、心电图机，骑马去牧民家中为他们进行健康体检。

毫不夸张地说，王万青将自己的一生都奉献给了这片草原，奉献给了玛曲的卫生事业和这里的人民。现如今，王万青已经退休了，可他的心里仍然放不下这些患者，坚持到县医院去指导外科手术，并经常在家里给上门的藏族群众治病送药，被当地百姓亲切地称为“草原曼巴（意指好医生）”。

## 故事微语

一个人的世界观能够决定这个人眼界的高低，更能决定这个人的社会地位。王万青不过是一名普通的医生，但是他却选择了自我奉献，在他的世界观里就充分体现了先人后己的优秀品德。

树立一个良好的世界观，能够帮助我们迅速和社会融为一体。尽管我们每个人的人格都是独立的，但是离开了社会，那么我们的所有价值都变成了一种自我行为，而无法得到更高的价值，只有依附社会，我们才能够将自我价值扩展到最大化，才能对得起自己的付出。

树立一个良好的世界观，也能够让我们改善自己的人际关系。任何人的成功都离不开人际关系，它已经成为一种隐形的资源。就如同网上那句话一样：“想要让世界善待你，你先要善待这个世界！”

## 心灵箴言

我认为无可怀疑的是：追求真理和科学知识，应当被任何政府视为神圣不可侵犯，而且尊重那些诚挚地追求真理和科学知识的人，他们的自由应该作为整个社会的最高利益。

——[美] 爱因斯坦

社会的健康状态取决于组成它的个人的独立性，也同样取决个人之间的密切的社会结合。有人这样正确地说过：希腊——欧洲——美洲文化，尤其是它在那个结束中世纪欧洲停滞状态的意大利文艺复兴时的百花盛开，其真正的基础就在于个人的解放和个人的比较独立。

——[美] 爱因斯坦

经济和技术的发展大大加强了生存竞争，严重地损害了个人的自由发展。但技术的发展意味着个人为满足社会需要所必须进行的劳动愈来愈少，有计划的分工愈来愈成为迫切的需要，而这种分工会使个人的物质生活有保障。这种保障加上可供个人自由支配的空闲时间和精力，就能用来发展他的个性。这样，社会就可以恢复和健康，而且我们可以希望，未来的历史学家会把目前社会不健康的症状，解释为有雄心壮志的人类的幼稚病，它完全是由于文明进步得太快所造成的。

——[美] 爱因斯坦

# 三观正，无形的人生引路灯

## 故事话题

2005 年初春的一个夜晚，在乌鲁木齐山西巷市场饮食区发生了一起新疆男孩见义勇为的事件：

当时，新疆大学外国语学院大一学生王丽与同学分开后，正准备乘公交车回家。突然，一只手伸进了她的口袋。王丽非常惊恐地大声叫喊：“住手！你要干什么?!”

但是，这个小偷丝毫不害怕，反而恶狠狠地瞪着王丽，而站在旁边的 4 名同伙也围了上来。在这种“敌强我弱”的情况下，王丽不知所措。就在这时，一个洪亮的声音响了起来：“放手！她是我妹妹！”19 岁的艾尼·居买尔在这个关键时刻挺身而出。

几个犯罪分子看到有个小伙子，就大声呵斥：“她会是你妹妹？你别乱管闲事！”

但是艾尼·居买尔丝毫不退缩，并且用手将王丽拉到自己的身后保护起来：“我说是我妹妹，她就是我妹妹！”说完之后，趁着几名歹徒不注意的时候，他迅速拉着王丽准备离开。

犯罪分子反应过来之后，突然抽出一把长约 20 厘米的尖刀，刺向艾尼的背部。艾尼只觉得眼前一片漆黑，倒在了血泊中。

在他们争执的时候，有围观群众已经报了警，警察迅速出警制服了歹徒，艾尼·居买尔也得到了很好的救治。王丽在每天没课的时候去医院里照顾他，艾尼·居买尔的母亲生怕王丽因为太过内疚而自责，对她百般劝慰，但是王丽却说：“当时那么危难的时候，他说我是他妹妹，那我就是他妹妹！”

## 故事解析

人生观、价值观和世界观组合在一起，造就了我们在为人处世时候的区别，也正是这种细微的差别，成就了千姿百态的人生故事。

在犯罪分子威胁的情况下，艾尼·居买尔仍然毫不畏惧，这充分说明在他的心中，正义才是至高无上的。

在网上我们常常看到有人评论说“三观正”，其实说的就是人生观、价值观和世界观的取向是正常的，因为这三观汇总到一起，就能够成就一个人的壮丽人生，也足以让一个人一事无成。所以，青少年朋友们应该学会如何取舍，学会如何与他人相处，学会自律……只有这样，才能成就自己的无悔人生！

## 故事穿越

孙水林和孙东林，对于很多人而言，他们不过是非常普通的做建筑工程的承包人，但是对于那些民工而言，他们却是诚信的代名词。

2010年2月9日，在外地做建筑工程的孙水林回到天津，原本他打算与暂住在天津的家人和弟弟孙东林聚一天再回武汉，但他查看天气预报发现，之后几天可能会下雪，那样的话，天津至武汉沿线的高速公路就有可能因雨雪封路。于是他决定赶在封路前赶回武汉，给先期回汉的民工发放工钱。春节前发放工钱，是他对民工的承诺，他始终都记在心里。

当晚，孙水林提取26万元现金，带着妻子和三个儿女出发了。但没想到的是，他驾车驶至南兰高速开封县陇海铁路桥段时，因为路面结冰，

发生重大车祸，20 多辆车连环追尾，孙水林一家五口全部遇难。

弟弟孙东林为了完成哥哥的遗愿，在大年三十前一天一定要给辛苦了一年的民工们发放工资，他来不及安慰年迈的父母，就将工钱送到了农民工的手中。由于哥哥突然离世，账单多已不在，孙东林就让民工们凭着良心领工钱，大家说多少钱，就给多少钱。钱不够，孙东林就贴上了自己的 6.6 万元和母亲的 1 万元。

就这样，在新年来临之前，60 多名民工都如愿领到工钱，孙东林如释重负。“新年不欠旧年账，今生不欠来生债”。孙水林、孙东林兄弟 20 年坚守承诺，被人们赞为“信义兄弟”。2010 年 9 月，孙水林、孙东林兄弟入选“中国好人榜”。

## 故事微语

在现如今的社会，很多人都有这样的感觉——社会中的真情越来越少，人与人之间的人情味感越来越淡，就连个人也是越来越自私。但是孙水林、孙东林兄弟二人却如此重情重义，这就说明，其实并非是社会如何，而是我们每个人的选择不同。

树立正确的三观，能够让我们更懂得情感的珍贵，能够让我们放下彼此的成见。若是每个人都能以宽容的心去对待别人，以律己的心态对待自己，那么这个社会就和谐了。

## 心灵箴言

天行健，君子以自强不息。

——《周易》

天下无难事，只怕有心人。

——[清] 袁枚

取得成就时坚持不懈，要比遭到失败时顽强不屈更重要。

——[法] 拉罗什富科

忍耐和坚持虽是痛苦的事情，但却能渐渐地为你带来好处。

——[古罗马] 奥维德

# 立准则，没有规矩不成方圆

## 故事话题

有一次，列宁去克里姆林宫理发室理发。当时，这个理发室只有两个理发师，可是顾客却很多，所以他们忙不过来，导致很多人都坐着排队，等候理发。

列宁进去后，大家都认出了他，也都体谅列宁公务繁忙，准备让座请列宁先理，可是列宁却微笑着对大家说："谢谢同志们的好意。不过这样做是要不得的，每个人都应该遵守公共秩序，按照先后次序理发。"说完之后，他就随手搬了一把椅子，坐在最后一个位置上。

## 故事解析

正如列宁所说，"每个人都应该遵守公共秩序"，实际上，在现实生活中，我们不仅仅要遵守公共秩序，还会有很多条条框框约束人身自由。正所谓"没有规矩，不成方圆。"

我们不能因为受到束缚就不愿意去遵守这些规则。就好比每个人都在排队等车，这叫作行为准则，但如果没有这些准则，所有人都一拥而上，那么可想而知，这个世界会变成什么样子。

所以，无论我们做什么，都首先要考虑到自己的行为是不是符合规则，只有这样才能让社会的道路更加畅通。

## 故事穿越

许衡是我国古代杰出的思想家、教育家和天文历法学家。有一年夏天，许衡的家乡遭遇了天灾，没有办法，他只好和很多老乡一起逃难。由于长途跋涉，加之天气炎热，所有人都感到饥渴难耐。

这时，有人突然发现附近有一棵梨树，上面结满了甘甜的梨子。于是，老乡们就你争我抢地爬上树去摘梨来吃，只有许衡一人，端坐于树下不为所动。

众人觉得奇怪，就凑过去问许衡：“你怎么不去摘个梨来解解渴呢?”

许衡非常严肃地说：“不是自己的梨，岂能乱摘!”

问的人不禁笑了：“现在大家都各自逃难，这棵梨树的主人早就不在这里了，你又何必介意呢?”

许衡看了看他，仍然坚持说；“梨树失去了主人，难道我的心也没有主人吗?”

## 故事微语

混乱的局势中，平日约束、规范众人行为的规则在饥渴面前失去了效用。许衡因心中有“主”则能无动于衷。在许衡心目中的这个“主”就是自律。有了自律，才能在没有纪律约束的情况下亦能牢牢把握住自己。

每个学生都经历过自习，在自习课上没有老师的督促，有的同学就能够静下心来努力学习，可是也有一些自制力较差的学生就开始利用这段时间玩儿起来。尽管在很多人看来，这不过是一件很细小的事情，可却通过这个细节体现了每个人在规则面前不同的态度，正是这种不同的态度，造成了他们学习成绩的不同。所以，想要获得成功，就势必要学会如何去遵守规则，学会自律。

## 心灵箴言

一言既出，驷马难追。

——中国俗语

遵守诺言就像保卫你的荣誉一样。

——[法] 巴尔扎克

信用既是无形的力量，也是无形的财富。

——[日] 松下幸之助

对人以诚信，人不欺我；对事以诚信，事无不成。

——冯玉祥

良心是我们每个人心头的岗哨，它在那里值勤站岗，监视着我们别做出违法的事情来。

——[英] 毛姆

第三篇

# 自我判断，让是是非非有个谱

自我判断，是以内心的行为准则为标准，通过主动的反省来达到更上一层楼的目的。毫无疑问，在我们的成长过程中，每个人都会犯错，但是有些人能够通过犯错来获得经验，但是也有的人却屡次在同一个地方跌倒，这就是自我判断的重要性！

# 明辨是非，内心的行为准则

## 故事话题

在古代，宋国有个小人得到一块璞玉，就献给本国的大夫子罕。子罕并不喜欢小人这样的行为，坚决不肯收。小人说："这是宝玉呀，最适宜给君子做用具，留给我们地位低下的人是不合适的。"子罕回答："尔以玉为宝，我以不受子玉为宝。我们何不各守其宝？"意思就是说，在小人眼里，只能看到这块玉是个宝贝，但是在子罕的眼里，不接受他人贿赂才是真正的"宝贝"。

小人以"璞玉"为宝，子罕以"不贪"为宝。许多人听了这个典故之后，都鄙视小人而赞美子罕。其实仔细想想，这个小人之语也不无道理。"不贪"是宝，"宝玉"也是宝。"不贪"是"精神之宝"，而"宝玉"是"物质之宝"。

人们既需要"精神之宝"，也需要"物质之宝"。而且在很多人眼里，"物质之宝"比"精神之宝"更为重要。子罕的可贵，不在于他鄙视宝玉，而在于他能够分辨是非。

## 故事解析

正所谓，君子有所为有所不为，一个正直的人，最基本的一点就是要具备明辨是非的能力，具有抵抗诱惑的坚定。正如同子罕那样，重视精神上的宝物，而非物质上的宝物。

明辨是非，是一种道德，更是一种责任，同时也是一个人真正成熟的标志。当我们在内心深处建立了一个衡量标准，心存正义，那么在大是大非面前总能够表明自己的态度

明辨是非，是一种认知，更是一种生活态度。在生活中，我们常常会遇到各种问题，是非观念就是我们心中衡量这些的标杆，所以，做一个明辨是非的人，才能让生活更加美好。

## 故事穿越

著名的NBA球星罗斯自幼生活在芝加哥的一个贫民区里，在那种环境下，罗斯的母亲和哥哥为了保护这个年幼的弟弟，每日形影不离，生怕他跟不良少年学坏。在他6岁的时候，他第一次看到篮球，从心里就喜欢上了这项运动。但是在贫民区里只有一个地方有球场，且那里非常混乱，有很多不良少年都在那里厮混，哥哥知道罗斯很想打篮球，就每天傍晚的时间陪着他在篮球场里练球。如果哥哥有课，母亲就推掉手里的活去陪他。

对于这段经历，罗斯从来都没有避讳过，穷人的孩子早当家。艰苦的生活，教会罗斯无论挫折还是胜利，都要学会坚持。在他成功签约公牛队，成为正式的篮球队员之后，他第一个感谢的人就是自己的母亲和哥哥，因为是他们，让自己学会了明辨是非，让自己免受外界的伤害。

签约公牛，第一次挣钱了，罗斯买了一幢大房子，送给妈妈。罗斯说：“在我读书时，我就梦想，哪天我挣大钱了，第一个愿望，就是孝敬妈妈。”在这座大房子里，罗斯与妈妈和哥哥们同住。

## 故事微语

在一个孩子的成长阶段，树立是非观念是非常重要的事情，因为在孩子年幼的时候，他们的思想就好比是一张白纸，接受到的信息都会体现在这张白纸上。

如何能建立正确的是非观念，这是很多家长都非常头疼的问题，但实际上，除了循循善诱之外，榜样的力量也同样很重要。小孩子的模仿能力强，总是喜欢去模仿他们所见到的一切。

每个孩子都是一棵树苗，在成长的过程中总会出现分叉，我们总要经历砍掉分叉，让树苗更加茁壮的过程，这就是成长的代价。

## 心灵箴言

明鉴照形，美恶毕见。

——《新唐书》

人不易知，知人不易。

——《明通鉴》

事传三人，辄失其事。

——林伯桐

小道之妨大务，小察之伤大明。

——刘昼

求言非难，听之难；听之非难，察而用之难。

——《宋史》

# 审时度势，具体情况具体分析

## 故事话题

有一天晚上，美国时任总统应邀参加退伍军人餐会，并且被安排担任压轴的演说。

在他上台之前，已经有5个显赫的大人物在台上发表了长篇大论，内容差不多都是推崇退伍军人对国家的伟大贡献，要好好照顾军眷等等，让底下参加聚会的人都感到疲倦不已。

总统上台时已接近八点了，他一看台下众人，不是饥肠辘辘就是昏昏欲睡，于是他决定舍弃准备好的演讲稿，说道："每篇文章都应该有个完整的结尾，就让我来做个结束的句号吧。"说完，总统就走下了台。

他的这段话理所当然的赢得了在场所有人的掌声。

人生绝对不会只有一个标准的答案，我们需要学习在什么时候采取什么动作，需要懂得让自己在不同的环境中都能找到最佳的表达方式。

该说话时不要沉默，该沉默时就不要高谈阔论。

能够随时随地扮演好自己的角色，找到自己的最佳定位，那么，距离成功就不远了。

## 故事解析

审时度势，是对于大局的一种把控，是对于节奏的一种调整。这位总统调整的是自己的讲话长度，把控的就是这个聚会的局面，试想一下，如果他和其他官员一样长篇大论，下面参加聚会的人当然也不会有什么太多的表示，不外乎就是再继续忍受几十分钟而已，但是当总统做了简短的总结性发言之后，他赢得的不仅仅是掌声，更是所有人的钦佩。

在我们的人生轨迹上，审时度势是对于自己奋斗节奏的把控；在公司内部，审时度势是对整个团队的分析和认知；在家庭中，审时度势往往能够创造和谐美好。所以，不要只是低头顾着脚下的步伐，而是要学会抬头看看周围的局势，做一个审时度势的聪明人吧。

## 故事穿越

东汉时颍川太守寇恂是一个懂得顾全大局的人。

有一次，大臣贾复从京城洛阳去汝南郡，他手下的一个军官在颍川杀了人。寇恂于是派人将那个军官抓了起来，并当众砍头。

贾复在汝南郡听说这件事情之后，破口大骂，认为这是寇恂在故意扫他的颜面。不久之后，贾复要回洛阳，快到颍川的时候，他对身边的人说："我见到寇恂，一定要亲手杀了他！"

寇恂听到这件事情之后，决定躲开，不与贾复见面。寇恂手下的一个武官对他说："您怕贾复吗？我带着剑跟在您身边，他要动手，我就不客气！"

寇恂说："你知道廉颇和蔺相如的故事吗？蔺相如那么有勇有谋，连秦王都怕他，可廉颇为难他时，他却让着廉颇。为什么呢？他是为国家着想啊！他能做到的，我寇恂难道做不到吗？"

可是，贾复是京城来的大臣，他从颍川路过，太守避而不见也说不过去。寇恂便吩咐手下的人备好丰盛的酒饭，等贾复和他的随从们到后，寇恂手下的官员们就热情地迎上去，献上好酒好饭。等他们吃饱喝足之后，寇恂突然赶来，表示欢迎，然后推说有事，便匆忙离去了。贾复连忙派人去追，但他的随从们一个个喝得醉醺醺的，只好眼看着寇恂走远了。

## 故事微语

寇恂不计个人恩怨，以大局为重，在对待别人对自己的怨恨时，不与他人去争长论短，而是机智避退。寇恂不争、不斗的态度并不是因为他软弱，而是一个心胸博大之人的过人之处。如若不忍，与贾复刀枪相向，积怨只会越来越深，解决不了任何问题。退一步却海阔天空，对自己，对他人，对国家都有利，又何乐而不为呢？

古人云："识时务者为俊杰。"所谓识时务，就是要审时度势，顺应事态的发展来做事情。古往今来，成大事者之所以能够在社会中站稳脚跟，很多情况下与他们的"识时务"是分不开的。在现代社会里，"识时务"依然是一条不变的真理。要想获得成功，就必须善识时务。

## 心灵箴言

当你希望成功，当以恒心为良友。

——[美] 爱迪生

你因成功而内心充满喜悦的时候，就没有时间颓废。

——[荷兰] 弗兰克·迈耶

正直和诚实还没有发现代用品，人们缺少它就没法取得成功。

——[德] 布雷默

成功就是当洋溢的生命力突然冲决堤坝而汇入一条合适的渠道。

——何怀宏

如果没有系统的知识的帮助，先天的才能是无力的。直观能解决很多事，但不是一切。天才和科学结合后才能得到最高的成功。

——[英] 斯宾塞

# 淡泊名利，才能实现真正的正义

## 故事话题

范仲淹在还没当官之前家境贫寒，无奈之下只好住在一个朋友家中。这个朋友是一个江湖术士。后来范仲淹为了学习离开了术士家。

有一天，范仲淹接到一封信，原来术士得了重病，希望这位老友能够看在自己曾经帮过他的情分上照顾自己的儿子，不仅如此，术士表示，自己有将水银提炼成白银的方法，可是儿子还小，他只好将这个方法写好，等孩子长大之后，委托范仲淹将这个方法传授给儿子，也算是让他有一技之长。

范仲淹连忙赶到术士家中，见了术士最后一面，并且承诺一定照顾好他的孩子。后来，孩子长大了，范仲淹也科举高中，成为一名官员。范仲淹就把术士的儿子叫到面前说："孩子，你父亲有冶金的办法，他写下这个方法希望等你长大之后传授给你，现在你也长大了，这个应该还给你了！"术士的儿子一看，那个秘方竟然是在十几年前就密封好了的，这么多年竟然完全没有被开封。

## 故事解析

我们每个人活着，都会有欲望，甚至有人因为欲望而逐渐变得盲从，成为了欲望的奴隶。对金钱的欲望、对名利的欲望、对成功的欲望，往往都需要一个度的掌握，当我们能够主动地掌控欲望，那么欲望就能成为我们成功的动力，但是如果当我们忘记了对欲望的掌控，那么很容易就被欲望所捆绑。

放下欲望，也绝非是让我们做到真正的放弃，而是做到面对欲望，能够心如止水，清楚地看到欲望本身究竟是什么。欲望，是我们对成功、对梦想的渴望，但却并非是对名利、金钱、财富的追求；欲望，是促使我们勤奋的动力，却不能成为内心的枷锁。

当我们为了名、为了利而忙碌、而奔波的时候，智者们反而放下了这个能够捆绑内心一生的枷锁。名利，无非是外界的眼光、外界的评价，无非是对自身的认可。但是，终其一生，每个人最终能够享受到的，不外乎只有最真实的平淡生活。

淡泊名利，并不是庸庸碌碌，更不能成为对命运妥协的借口，相反，它是内心深处的保护层，让我们在世事纷扰之中，保持自己内心的平静和从容。

## 故事穿越

东汉时期的名臣杨震一直都是非常清廉的官员，并且为人正直，刚正不阿，也常常通过举贤来举荐一些他认为非常有前途、有能力的官员。后来他被任命为东莱太守，在去往东莱上任的途中，恰好经过一个叫作冒邑的地方，这个冒邑的县令王密恰好就是杨震举荐的官员，所以当他听到杨震来到这个地方，就打算好好招待他。

杨震一直都很清廉，也不讲究什么排场，所以他并没有安排多少随从，等到王密知道杨震到来的时候，杨震已经打点好了一切。王密觉得自己错失了一次表现机会，当天晚上，他悄悄去拜访杨震。喝了一杯清茶之后，王密拿出一个小包袱，里面装了10斤黄金。

杨震看到之后，就问他是什么意思。王密表示，他的仕途之路多亏了杨震的举荐，所以这10斤黄金就是为了答谢杨震当初的举荐之恩。当然，他更希望是通过这10斤黄金来收买这位老上司，希望能够在他这里得到更多的好处。

杨震一拂衣袖，就拒绝这份礼物，他说道："故人知君，君不知故人，何也？"意思就是说，我了解你的为人，你怎么不了解我的为人？

王密就说："反正现在已经是深夜了，你就算收了也没有人知道。"

杨震非常生气地说道："天知、地知、你知、我知，怎说无人知？"

## 故事微语

人生在世，究竟什么才是我们应该追求的，这似乎并不是一个非常好回答的问题，有的人想要实现心中的梦想，有的人想赚得多多的钱，有的人则是想要做社会栋梁。但是当我们进入社会之后，才发现，原来在我们身边有太多的诱惑。这种诱惑有的是来自金钱，有的是来自名贵的物质，甚至也有可能来源于我们的内心。

然而，当我们无法拒绝这种诱惑，一旦打开心中的贪念时，那么就好似背上了一个无形的枷锁，让我们在不知不觉中就迷失了人生方向，唯有放下心中的贪念，才能让自己的心灵变得纯净，才能让我们有时间、有空间去享受生活。

我们不能用金钱来衡量一个人。尽管有些人很穷，可他们却很有骨气，正所谓“人穷志不穷”，比那些为了钱而出卖朋友，泯灭天良的人高尚多了。况且世界上有更多的东西是金钱无法买到的，比如时间，“一寸光阴一寸金，寸金难买寸光阴”，时间对于任何一个人都是公平的。如果有很多钱，却没有时间花，那要那么多钱有什么用？还有，健康也很重要，如果整天躺在病床上，有钱也没用。除此之外，亲情、友情、爱情更是无价之宝，它们像春风，温暖了我们的心，带给我们无限的喜悦和幸福。有了它们才算得上是一个真正富有的人。

## 心灵箴言

人生的价值，即以其人对于当代所做的工作为尺度。

——徐玮

你若要喜爱你自己的价值，你就得给世界创造价值。

——[德] 歌德

人生的价值，并不是用时间，而是用深度去衡量的。

——[俄] 列夫·托尔斯泰

人生应该如蜡烛一样，从顶燃到底，一直都是光明的。

——萧楚女

人的一生可能燃烧也可能腐朽，我不能腐朽，我愿意燃烧起来！

——[苏联] 奥斯特洛夫斯基

# 切勿虚荣，保持内心纯净

## 故事话题

齐国有一个人，家里有一妻一妾。丈夫每次出门，必定是吃得饱饱的，喝得醉醺醺地回家。他妻子就问他一道吃喝的是些什么人，丈夫吹嘘全都是些有钱有势的人。妻子并不相信，就找到小妾商量说："丈夫出门，总是酒醉肉饱地回来，问他和些什么人一道吃喝，据他说全都是些有钱有势的人，但我们却从来没见到什么有钱有势的人物到家里面来过，我打算悄悄地看看他到底去些什么地方。"

第二天早上起来，妻子便尾随在丈夫的后面，走遍全城，没有看到一个人站下来和他丈夫说过话。最后他走到了东郊的墓地，向祭扫坟墓的人要些剩余的祭品吃；不够，又东张西望地到别处去乞讨。妻子这才恍然大悟，原来这就是丈夫酒醉肉饱的办法。

妻子回到家里，告诉小妾说："丈夫，是我们仰望而终身依靠的人，现在他竟然是这样的！"二人非常伤心，抱头痛哭。

这就是孟子为我们讲的一则非常著名的寓言故事。孟子用这样犀利的语言抨击了丈夫的虚荣心，不过就是一个内心极其卑劣下贱，外表却趾高气扬，不可一世的寄生虫。他为了在妻妾面前摆阔气，抖威风，自吹每天都有达官贵人请他吃喝，实际上却每天都在坟地里乞讨。

## 故事解析

虚荣，是每个人都有过的情绪，当我们沉浸在充裕的物质享受中，享受着旁人羡慕嫉妒的目光的时候，虚荣就已经不知不觉地侵害了我们的心灵。

虚荣，就好比是一个有色眼镜，遮住了我们的视线，遮住了我们的内心。在电影《七宗罪》里，虚荣就是其中的一“罪”。随着时代的进步，人们对金钱的追求也越来越高，但是我们不能让虚荣蒙蔽自己的双眼，污染我们的心灵。

## 故事穿越

法国名作家莫泊桑有一篇非常著名的短篇小说《项链》，讲述了这样一个故事：小公务员的妻子玛蒂尔德是个非常美丽的女子，可是她总是觉得自己的丈夫没有本事。有一次，丈夫的公司举办一个晚会，参加的都是社会上层人士。马蒂尔德没有任何珠宝，为了参加聚会，她向朋友借了一串钻石项链，来炫耀自己的美丽。但让她想不到的是，项链在回家途中不慎丢失。她只得借钱买了新项链还给朋友。为了偿还债务，她节衣缩食，为别人打短工，整整劳苦了 10 年。最后，得知所借的项链原是一串假钻石项链。

## 故事微语

为了一夜的风光，马蒂尔德和她的丈夫付出了整整 10 年的辛苦，但是最后却得知这条项链原本只是假的，莫泊桑用讽刺的手法揭示了人不可有虚荣之心。

虚荣，是对金钱、物质过分的执着，是对外界眼光过分的看重。当我们沉浸在他人眼光之中，就会忘记内心中本来的目标，就连原本纯洁的心灵世界也蒙上了一层阴影。

切勿虚荣，才能够活出自我，才能够实现自己的真正价值。不仅如此，虚荣和贪婪一样，会侵蚀掉我们内心深处的正义，历史上有很多贪官污吏最初都是因为虚荣而走上了犯罪道路。所以，忘掉虚荣吧，只有这样，才能找到自己的真正价值。

## 心灵箴言

金钱可以是许多东西的外壳，却不是里面的果实。

——[挪威] 易卜生

金钱不是做奴隶就是做主人，二者必一，别无其他。

——[古罗马] 贺拉斯

如果你把金钱当成上帝，它便会像魔鬼一样折磨你。

——[英] 菲尔丁

金钱能做很多事，但它不能做一切事。我们应该知道它的领域，并把它限制在那里；当它想进一步发展时，甚至要把它们踢回去。

——[英] 卡莱尔

# 谨言慎行，时刻进行自省

## 故事话题

司马光原本是个贪玩、贪睡的孩子，因为这个坏习惯，他常常受到先生的责罚和同伴的嘲笑。后来，在先生的谆谆教诲下，他决心改掉贪睡的坏毛病。为了能够早点起床，他睡觉前总是会喝了满满一肚子水，结果早上没有被憋醒，却尿了床。于是，聪明的司马光就用圆木头作了一个警枕，早上一翻身，头滑落在床板上，因为疼痛自然就惊醒。从此，他天天早早地起床读书，坚持不懈，终于成为了一个学识渊博的，写出了《资治通鉴》的大文豪。

## 故事解析

苏格拉底认为："未经自省的生命不值得存在。"自省即自我反省。是一种自我道德修养的方法。

"自省"就是通过自我意识来省察自己言行的过程，正如朱熹所说："日省其身，有则改之，无则加勉。"孔子的学生曾子很能力行"自省"这一主张，他经常做到"吾日三省吾身"。

每个人都不是完美无缺、十全十美的，都有说错话、做错事的时候。但重要的是，你以什么样的态度对待自己的过失、不足和错误。能不能像古人那样，每天都对自己进行严格的剖析，对自己进行认真的"拷问"，以君子的方式要求自己？"吾日三省吾身"在古人看来天经地义，但今天许多人却很难做到。

一个具备反省能力的人一定要具有自我否定精神，就是要勇于认错。每个人都会有错误和缺点，有了错误，主动接受批评和自我批评，认真反省自身缺点，从而不断改进自己、升华自己。反省是心灵镜鉴的拂拭，是精神的洗濯。反省的过程就是一个人心智不断提高的过程，是一个人心灵不断升华的过程，也是我们对所遵循的标准不断反思和不断提高的过程。

## 故事穿越

被称作“乐圣”的贝多芬在他一生之中创作了无数动人的作品，但是他的创作态度仍然非常严谨。著名作曲家门德尔松曾经找到过一份贝多芬创作的手稿，并且将这份手稿公之于众。

这份手稿上的一个细节引起了所有人的注意——在这张手稿上，有一个地方改了又改，竟然先后贴上了12层小纸片。门德尔松将这些小纸片一一揭开，发现最里层的那个音符，恰好就是最初构想时候写下的音符，竟然和最后完稿时候的音符完全一样。

或许有人会问，既然全部相同，那么这12次的修改究竟有什么意义呢？但是贝多芬在创作时严谨的态度就取决于这12层小纸片。

作曲对于贝多芬而言，是灵感的爆发、是思绪的表达，但同时，也是一项非常艰难的工作。据说，在创作歌剧《费德里奥》的时候，他甚至为其中一首合唱曲先后拟定了十几种开头，只选择了其中一个最令他满意的；而被世人最熟悉的《命运交响曲》第一乐章的主题动机，他也曾经先后有过十几种完全不同的构想。这些都说明了贝多芬在乐曲创作的过程中始终保持着严谨的态度，所以才能够有那样多动人的音乐流传于世。

## 故事微语

在现实生活中，我们按照自己的理解来决定自己的行为准则，然而，这些行为过程却会让我们经历种种失败和挫折。在不断的失败和挫折中，我们逐渐明白哪些地方需要不断纠正，需要不断改善。所以自省是种最简单的减法，减去一切对你不利的东西。

一个具备反省能力的人一定能够对自己提出严格要求。他们总是寻找自己的不足，力求改进这些不足；他们总是能够虚心听取别人的意见，从别人的建议中汲取营养，使自己变得更加完善；他们不会害怕自我批判和自我否定，因为他们知道自我否定的目的是为了使自己达到一个更高的层次。

谨慎，不仅仅体现在人生态度上，同时也体现在我们的工作态度上。或许每个人都有过这样的经历：在我们上学的时候，总会因为马虎而做错题，可是有很多学生并不把这种马虎放在心上。如果我们能够在心中树立“谨慎”二字，无论是在学习，还是在事业之中，自然能少走很多弯路。

贝多芬之所以能创作如此多的音乐，不仅是因为他出众的音乐才华，同时还有他严谨的创作态度。能在自己的音乐手稿上先后修改12次，就为了寻找到一个最合适的音符，这样的态度，让他收获更多的成功。

## 心灵箴言

在薄冰上滑行，速度就是安全。

——[美] 爱默生

永远谨慎乃是至高无上的价值。

——[美] 马克·吐温

一事不谨，即贻四海之忧；一念不慎，即贻百年之患。

——康熙

谨慎比大胆要有力量得多，来证明看起来什么也不怕的人，是多么害怕对什么都小心翼翼的人。

——[法] 雨果

谨慎比其余任何智能使用得更频繁。日常生活中的草率事件使它发挥作用，对微小的事情产生影响。

——[英] 塞缪尔·约翰逊

第四篇

# 执法严明，才有真正的正义

我们生活在法治社会中，大到国家法律，小到道德规范，它约束着每个人的言行举止。执法严明，有法可依，是法治社会的根本，更是一个国家的根基。

# 刚正不阿，不向恶势力低头

## 故事话题

宋朝包拯是一个刚正不阿的清官，赴任扬州天长知县时写诗自勉：“清心为治本，直道是身谋。”他一生敢于犯颜直谏，不谋私利，执法如山，铁面无私，不畏权贵，不循私情，为民除害，成为百姓心中的“包青天”。

在历史上，包拯常常弹劾别人，非常犀利地指出他人的过错，甚至连皇帝本人都不在话下。在包拯刚刚升入京官的时候，恰好赶上范仲淹掀起“庆历新政”。范仲淹的吏治改革集中在改变官员冗滥作风，斥退冗员、举贤用能方面，自然要触及一些既得利益者，朝廷陷入“党争”，守旧派与革新派闹得不可开交。面对朝廷纷争，包拯不急于表态，也不参与其中纷争。

就在大家都忽视他的时候，包拯却突然上了一个抨击范仲淹新政关于人事制度改革的奏折，对其派出的监督地方官员的按察使权力过大提出质疑，此奏一出立即炸开了锅，两派就新政是否加重官员腐败争论不休。

不久，变法失败新政被废，朝廷也逐渐恢复了平静。不料包拯突然上奏，建议皇帝保留范仲淹考试选拔人才等新政。其实，这正是包拯峭直的禀性，他不与人苟合，不伪辞色悦人，一生不结派系也不卷入党争，甚至没有一个走得近的朋友，以至于“故人、亲党皆绝之”。

此后，包拯的人生渐入佳境，走上了北宋仁宗时期的政治舞台。他的特色之一就是一生都在弹劾别人。据统计，在他弹劾下被降职、罢官、法办的重要大臣不下 30 人，有时为了一个人、一个案件往往反复上奏，火力之猛，大有不达目的誓不罢休的气势，并且被他弹劾的都是当朝权贵。他 7 次弹劾酷吏王逵，顶住各方面的压力，最终把这个宠臣拉下马；他弹劾仁宗最亲信的太监阎士良“监守自盗”；他 4 次弹劾皇亲郭承佑，让仁宗几乎下不了台；他弹劾宰相宋庠，其人文采风流道德高尚，实无过错，包拯却弹劾他身为重臣却毫无建树，如同当今提的“庸官”“不在状态”等概念。

## 故事解析

刚正不阿，是人们对包拯最直观的评价。包拯之所以先抨击了范仲淹某些改革举措，而在改革失败之后，仍然力保某些举措，正说明在包拯的心中，衡量标准并非是朝廷里的派系纷争，而是他心中有一杆秤。

刚正不阿，是一种态度。在现实生活中，我们常常会遇到各种诱惑和压迫，但是当我们心存正直，那么就能够挺起胸膛，挺直脊梁。

刚正不阿，是一种抉择。有很多时候，我们都要面对人生中的各种诱惑，有的诱惑是正常的，有的诱惑却是能让我们走上不归路的。所以，做一个正直的人，做一个明辨是非、刚正不阿的人，才有可能收获成功。

## 故事穿越

明世宗朱厚熜晚年，不去朝堂处理政务，深居在西苑，专心致志地设坛求福。总督、巡抚等边关大吏争着向皇帝贡献有祥瑞征兆的物品，礼官总是上表致贺。朝廷大臣自杨最、杨爵获罪以后，没有人敢说时政。

1566年（嘉靖四十五年）农历二月，海瑞在棺材铺里买好了棺材，并且将自己的家人托付给了一个朋友。然后向明世宗呈上《治安疏》，批评世宗迷信巫术，生活奢华，不理朝政等弊端。

明世宗读了海瑞的《治安疏》，十分愤怒，把《治安疏》扔在地上，对左右侍从说："快把他逮起来，不要让他跑掉。"宦官黄锦在旁边说："这个人向来有傻名。听说他上疏之前，自己知道冒犯该死，买了一个棺材，和妻子诀别，奴仆们也四处奔散没有留下来的，他自己是不会逃跑的。"明世宗听了默默无言。过了一会又读海瑞的上疏，一天里反复读了多次，一声叹息，只得把《治安疏》留在宫中数月，曾说："这个人可和比干相比，但朕不是商纣王。"

1566年（嘉靖四十五年）秋季，明世宗生病，心情郁闷不高兴，召来阁臣徐阶议论禅让帝位给皇太子的事，世宗说："海瑞所说的都对。朕已经病了很长时间，怎能临朝听政。"又说："朕确实不自谨，导致身体多病。如果朕能够在偏殿议政，岂能遭受这个人的责备辱骂呢？"遂逮捕海瑞关进诏狱，追究主使的人。狱词送上后，仍然留在宫中不发布。户部有个司务叫何以尚的，揣摩皇帝没有杀海瑞的心意，上书陈请将海瑞释放。明世宗大怒，命锦衣卫杖责何以尚一百大棒，关进诏狱，昼夜用刑审问。

## 故事微语

海瑞的一生，是毫不妥协的一生，无论对方是奸臣严嵩，还是皇权不可侵犯的嘉靖皇帝，他都能够挺起胸膛。这正是我们需要学习的精神。

面对恶势力，我们不能低下高贵的头颅，更不能践踏自己的尊严，这同样也是一种正义的体现！

## 心灵箴言

守正为心，疾恶不惧。

——柳宗元

美曰美，不一毫虚美；过曰过，不一毫讳过。

——海瑞

贵者虽自贵，视之若埃尘。贱者虽自贱，重之若千钧。

——左思

# 明镜高悬，大公无私

## 故事话题

传说秦朝咸阳宫中有一面神奇的镜子，它宽四尺，高五尺，正反两面都能照人，人在镜前镜中影子是倒立的，用手按住胸口照镜可以显示五脏六腑，可以看出人体内的病灶，还能看出那些心术不正的人，秦始皇经常用该镜对付身边的人。

《三侠五义》里包公小时候被二嫂陷害掉入井中，得到一面镜子，滴上鲜血能照出世间魑魅魍魉之人，这就是后来的开封府三宝之一的阴阳镜，包大人就凭这块宝境，夜断阴，日断阳，明察秋毫，查清了无数疑案，为老百姓伸张正义。

传说包公临死时，怕后任贪赃枉法、残害良民，就命人把宝镜悄悄悬挂在开封府的正堂之上，才放心地闭上眼睛。

## 故事解析

我们时常能够在影视作品中看到，古代各种衙门中，中间都会有一块匾额，上书“明镜高悬”四个大字，这四个字代表的是一种公义，是一种精神，也是一种境界。

在任何时候，法律都代表着一种正义的力量，正是这种力量，让百姓安居乐业，让社会团结稳定，让经济科学飞速发展。正义，并不是孤立存在的，也不是抽象的概念，而是一种无形的保护。

尽管这种力量我们看不见，但是却能够感受得到，所以，无论面对任何情况，我们内心深处都应该有一个正义的天平，坚信“邪不压正”！

## 故事穿越

春秋战国时期，有一天，晋平公问祁黄羊："南阳县官缺额，你看派谁去最合适？"祁黄羊想了想，回答说："派解狐去最合适！"晋平公觉得很奇怪："解狐不是你的仇人吗，你为什么要推荐他？"祁黄羊答道："你只问我什么人最适合这个职位，并没有问我解狐是不是我的仇人呀！"

晋平公采纳了祁黄羊的意见，派解狐到南阳县去上任。果然，解狐很有作为，为当地百姓办了不少好事，受到人们的称颂。

有一天，晋平公又问祁黄羊："现在朝廷里缺少一位法官，你看谁能胜任？"祁黄羊回答："祁午最能胜任！"晋平公说："祁午是你的儿子，你推荐自己的儿子，不怕人家讲你吗？"祁黄羊说："你只问我谁可胜任法官，并没有问我祁午是不是我的儿子呀！"

祁午当了法官后，非常称职，深受人民的爱戴。

孔子十分称赞祁黄羊，说他是个公正严明的人，称得上是"大公无私"。

## 故事微语

大公无私，是最伟大、最具有奉献精神的正义。

人，首先是一个个体，但同时会拥有多重身份，对于一个企业而言，任何一个员工都是企业的隐形潜力，对于一个集体而言，任何一个组员都是不可缺少的部分。公和私，并非是相互矛盾的关系。当我们心中有了以公家的利益为大利益，以自己的利益为小利益的时候，也就懂得了什么叫作公私分明。当我们能够以牺牲自己的个人利益，去换取公家的集体利益的时候，那么我们就懂得了什么叫作大公无私。

## 心灵箴言

内称不避亲，外举不避怨。

——戴圣

公无私着，其取舍进退无择于亲疏远近。

——韩愈

人类也需要梦想者，这种人醉心于一种事业的大公无私的发展，因而不能注意自身的物质利益。

——[法] 居里夫人

# 有法可依，是惩恶扬善的皮鞭

## 故事话题

董宣字少平，陈留郡圉地人，后来被特例征召当洛阳县令，当时湖阳公主的家奴白天杀了人，因为藏在公主家中，官吏无法抓捕，等到公主出门，而用这个家奴陪乘，董宣在夏门外的万寿亭等候，拦住公主的车马，用刀圈地，大声数说公主的过失，呵斥家奴下车，接着便把家奴打死了。公主立即回到宫里向光武帝告状。光武帝极为愤怒，召来董宣，要用鞭子打死他。

董宣嗑头说："希望乞求说一句话再死。"

光武帝说："想说什么话？"

董宣说："皇帝您因德行圣明而中兴复国，却放纵家奴杀害百姓，将拿什么来治理天下呢？臣下我不等鞭子打，请求能够自杀。"当即用脑袋去撞击柱子，顿时血流满面。

光武帝命令扶着董宣，让他磕头向公主谢罪，董宣不答应，光武帝命小太监强迫他磕头，董宣两手撑地，一直不肯低头。

公主说："过去弟弟做百姓的时候，隐藏逃亡犯、死刑犯，官吏不敢到家门。现在做皇帝，威严不能施加给一个县令吗？"

光武帝笑着说："做皇帝和做百姓不一样。"当即命令："硬脖子县令出去！"赏赐 30 万钱。董宣把它全部分给手下众官吏。从此捕捉打击依仗权势横行不法之人，没有谁不害怕得发抖。京城称之为"卧龙"。歌颂他说："没人击鼓鸣冤的是董宣。"

董宣当了 5 年洛阳县令。74 岁时，死在任上。光武帝召令派遣使者探望，只看见布做的被覆盖着尸体，董宣的妻子和儿子相对而哭，家里只有几斛大麦，一辆破车。光武帝很伤心，说："董宣廉洁，到他死我才知道。"因董宣曾经做过二千石，便赏赐系印钮的绿色丝带，并按大夫的礼节安葬。

## 故事解析

纵观中国历史，法律也是逐渐地完善起来的，从先秦时期到秦朝统一六国，就已经有了自己的法律。

法律，是一个非常严肃且不容亵渎的词汇。有了法律，才能让我们安心生活；有了法律，才能让社会稳定安康；有了法律，才能消灭邪恶。

尽管有些时候，事情不能得到最完美地解决，但只要人人心中都存有正义，那么罪恶自然而然地就消失了。

## 故事穿越

狮子性凶残，想吃弱小的动物，但是直接去吃他觉得没有理，他想了个办法，找借口吃掉比他弱小的动物。

有一天，狮子把羊叫来，问道："羊，跟我说实话，我哈出来的气有味儿吗？"

羊说："有。"

狮子怒气冲冲地说："你敢侮辱我！"说完，狮子一口把羊头咬掉了；接着，狮子把狼叫来，问道："狼，跟我说实话，我哈出来的气有味儿吗？"

狼说："当然没有。"

狮子气呼呼地说："马屁精！"说完，狮子一口把狼头咬掉了；最后，狮子把狐狸叫来，问道："狐狸，跟我说实话，我哈出来的气有味儿吗？"

狐狸狡猾地说："我不能告诉你有没有味儿，我得了重感冒，鼻子闻不出味儿了。"

狮子哭笑不得，灰溜溜地转过身，正要准备撤走，一头高大的白象站在了狮子的面前。狮子心里很害怕，知道大象是来找他算账的。狮子只好对大象赔笑说："象大哥，你好。"

大象说："狮子老弟，你不是想让大家知道你哈出来的气有没有味儿吗？来，我来闻一闻。"

说着，大象用强健有力的长鼻子把狮子卷起来，扔进了臭水沟里，狮子被淹死了。

这就是狮子为非作歹的下场！

## 故事微语

尽管这只是一则寓言故事，但实际上却反映出一个道理：在这个社会上，不要以自己的强大去欺凌别人的弱小。

我们生活在一个法治社会中，在生活的方方面面都是有法可依的。当我们的人身安全、生命财产受到侵害的时候，法律就是一面盾牌，负责保护我们。而那些触犯了法律的人，就会受到应有的惩罚和制裁。只有这样，社会才能和谐进步。

## 心灵箴言

走正直诚实的生活道路，必定会有一个问心无愧的归宿。

——[苏联] 高尔基

一清如水的生活，诚实不欺的性格，无论在哪个阶层里，即使心术最坏的人也会对之肃然起敬。

——[法] 巴尔扎克

正直的人都是抗震的，他们似乎有一种内在的平静，使他们能够经受住挫折甚至是不公平的待遇。

——[美] 阿瑟·戈森

人格是心灵的尺度，权力和金钱丈量不出它。能保有着高贵与正直，即使在财富地位上没有大收获，内心也是快乐和满足的。

——[英] 罗兰

# 切勿徇私，才能不枉法

## 故事话题

西汉时期的官员赵广汉，曾任守京兆尹、颍川郡太守、京兆尹。在颍川郡任太守期间，是赵广汉前期治理的最佳阶段，他不畏强权，精明强干，刚到任的几个月时间，就做了两件大事：一是打击豪门大族的势力，缓和社会矛盾；二是加强地方管理，转变当地的不良风气。其威名由此流传，《汉书》本传中就把擅长处理政务说成是他的天性。

赵广汉在担任京兆尹时，表现出高度的责任心，处理各项公务，往往通宵达旦。并且善于思考，讲究办事效率。在其治理期间，京兆地区政治清明，官属和百姓无不交口称赞。但京兆尹的职责在于管理京城，因在天子脚下，日常处理政务容易得罪皇亲国戚和当朝显贵。

所以，虽然赵广汉算得上是一位京城行政官中的佼佼者，也仍然落得被腰斩的下场。赵广汉任京兆尹期间，为官廉洁清明，威制豪强，深得百姓赞颂。

## 故事解析

人们都喜欢正直、清廉的官员，历史也对他们称赞有加。这不仅仅是因为他们本身的所作所为，更重要的是，他们是正义的使者和化身。

正义、公正、廉明，是对于官员最基本的要求。或许有人会认为，自己这一辈子都不可能做什么官员，那么也就不会去贪赃枉法。实际上，这些都是发生在生活中的事情，只要是对待公家的事情，就需要心存正义，就需要有一颗公正的心。

## 故事穿越

历史上一些著名的政治家、军事家，为了维持统治的秩序，保持内部的一致，增强战斗力，都是非常注重纪律并带头遵守的。三国时期著名政治家、军事家曹操就是一个典型的例子。

有一次，曹操带兵出征，路过一片麦田，他就对士兵们下令说："任何人不得践踏麦田，违者斩！"命令一下，士兵们都小心起来，生怕践踏了麦田。巧合的是，在这个时候曹操的马受惊了，奔到麦田里去，官兵们都愣住了，站在田埂上、路旁边看着。曹操勒回了马，立刻把行军主薄叫到马前，让他给自己议罪。

主薄言引《春秋》说："罚不加于尊"，意思就是说，曹操身份尊贵，且是无心之过，这件事就算了。曹操说，我自己下的命令，自己带头去破坏它，怎么让三军执行？但我是全军之主，也不好自杀，只有处于刑法了。说着，他拔出宝剑，割下胡子。在古代，人们是不割须不理发的，所以割发、割胡须也是当时的一种刑法。曹操自刑，全军震动。此后，曹操的威望就更高，曹军的纪律也更严明了。

## 故事微语

中国有句老话。“官官相护”，意思就是说在封建时候，官员之间都是串通好的，就好比小说《红楼梦》中的四大家族，一损俱损、一荣俱荣的关系一样。而打通官员关系的，就是金钱。

但是，并非每个人官员都如此不堪，那些心存正义，浩然正气的官员们都是不贪赃、不枉法的好官。贪赃枉法，是官员的大忌。在现如今这个社会中，同样也是领导们的大忌。

在世间公义面前，罪恶不会永远隐藏起来，纵观历史，无论是哪一朝的贪官污吏，最终也会受到历史的审判。

## 心灵箴言

守法持正，嶷如秋山。

——刘禹锡

廉能清正，奉公守法。

——曾瑞

言非法度不出于口，行非公道不萌于心。

——杨炯

治国无法则乱，守法而弗变则悖，悖乱不可以持国。

——吕不韦

# 正义永存，社会才能和谐

## 故事话题

公元 550 年，北朝东魏的孝静帝被丞相高洋胁迫，万般无奈之下只好将帝位传给了他，自此之后，北齐替代了东魏，成了新的国家。作为新的政权，高洋为了能保护自己好不容易得到手的政权，所以他将孝静帝以及他的亲眷全部处死。

原本他以为这样就安枕无忧了，可是在他当皇帝的第十个年头，有一天出现了日食，高洋就非常担心，认为这是一个不祥之兆，是上天在警告他，篡夺的帝位很快就要保不住了。于是他就询问一个心腹，为什么西汉末年，王莽夺取了西汉刘家的江山，很快又被刘家夺了回去呢？这名心腹就回答说，是因为王莽妇人之仁，没有真正的赶尽杀绝。

高洋一想，果然是这个道理，他仅仅是处死了孝静帝以及他的亲眷，但是并没有将东魏宗室的人全部处死，于是他下令将东魏宗室的近亲全部处死，人数多达七百余人。

消息传开之后，其他东魏宗室的远方亲戚也都非常恐慌，他们认为，以高洋为人的残忍，不知道什么时候，这等祸事就落在他们身上了。于是他们就连忙聚集起来商量对策。其中有一个叫作元景安的人说，不如去请求高洋，允许他们改姓“高”，通过这个方法表示自己对他的忠心。元景安的堂兄元景皓一听，立刻大骂，怎么能够为了个人安危就抛弃本宗、不认祖宗呢？大丈夫宁为玉碎，不为瓦全，宁死也绝不会更名改姓。

元景安为了保住性命，就将元景皓的话秘密报告给高洋，很快高洋就将元景皓抓捕且杀害。于是就有了这句“宁为玉碎不为瓦全”的典故。

## 故事解析

正义，是一个民族发展的根本。纵观历史，中国古代史历朝历代的更迭中，大部分的反抗都是正义的，都是被人们所称颂的，都是直接或间接促进了人类发展的。

封建社会如此，现如今这个高速发展的文明社会更是如此。只要我们心存善念，正义就如同一把保护伞，保护着属于这里的每一个人民。

## 故事穿越

2014年5月31日，宜春至金瑞的中巴车上发生了惊心动魄的一幕：一名男子从座位上站起来，突然挥动手中的菜刀见人就砍。很快，有几名乘客都被砍伤。就在这千钧一发之际，学生柳艳兵不顾头部、肩部的伤痛，立即冲了上去，抓住持刀男子的手，把他按倒在地。

他的同学易政勇也不顾一切想要冲上前阻止男子，可由于身体流血过多，体力不支，只能号召其他乘客上前帮忙。经过一番争抢，柳艳兵将歹徒按倒在地，并且夺下歹徒手中的凶器。

这件事情发生之后，在网络上形成了热烈的讨论，很多人都被柳艳兵、易正勇的勇敢所折服，他们的临危不惧也深深震撼着每一个人的内心。

## 故事微语

正义，是促进社会和谐的一大关键要素，当我们都心存正义，那么世间上的邪恶和罪孽就都消失不见。即便是有些罪恶浮现出来，也会被人民群众的力量所消灭，这才是真正安全的社会。

正义不仅仅体现在很多危急时刻，其实在生活中同样存在：坐公交车的时候，大家都会遵守排队上车的规则，但同时对于老幼病残等需要照顾的人给予照顾，这同样是正义；当我们遇到不公正待遇的时候，有很多人会站出来为你申辩，这同样也是正义。

不要认为正义离我们的生活非常遥远，只要心存正义，那么生活中就处处有正义。

## 心灵箴言

守法度，有高出法度外之眼光；循法度，有超出法度外之道力。

——林纾

言不中法者，不听也；行不中法者，不高也；事不中法者，不为也。

——商鞅

谁都不应凌驾于法律之上，谁也都不应该受法律的欺凌，当我们要求人们遵守法律时，无需征得他们的同意。

——[美] 西奥多·罗斯福

守法和有良心的人，即使有迫切的需要也不会偷窃，可是，即使把百万金元给了盗贼，也没法儿指望他从此不偷不盗。

——[俄] 克雷洛夫

第五篇

# 公平原则，是正义的基石

公平，是这个社会追求的极致关系，我们常说，在法律面前，人人平等，其实在任何情况下，人与人之间的关系都是平等的。无论是师生、父子、朋友、爱人，虽然有很多情感因素的关系，但是我们仍然不能否认的是，我们是平等的。

# 自我定位，是公平的基础

## 故事话题

提到牛顿，或许人们首先想到的就是他世界公认的标签——神童、天才，但这些并非是牛顿最初给自己的定位。在牛顿小的时候，他身体非常瘦弱，在学校里成绩也非常不好，平时他很喜欢机械模型类的玩具，并且通过亲手制作这些玩具得到过父母的赞赏。

不过在封建社会的英国，等级制度在人们的脑海中根深蒂固，即便是学校也同样受到这种思想的影响，所以成绩好的学生可以公开地歧视差等生。有一次课间时分，牛顿和几个小伙伴们正在游戏，突然，一个在班里一直名列前茅的学生借故踢了牛顿一脚，并当着所有人骂他是笨蛋。牛顿非常生气，就大声和他理论。争吵声引来了老师，结果老师并没有一个非常公正的态度，这下子可是惹恼了牛顿，他在心里暗自发誓，一定要超过成绩好的同学！

在这种刺激下，牛顿发奋读书。很快，牛顿的成绩就超过了那个欺负过他的同学，在班级里名列前茅。

## 故事解析

在每个人的内心中，都会对自己有一个或清晰、或不清晰的定位。少年牛顿在发奋读书这个过程中，将自己的定位从不清晰逐渐转变为清晰，并且最终得以实现。这就是自我定位的价值所在，也是自我定位在人生中的重要作用。

一个人的自我定位，不仅是对自己一种充分且客观的评价，更是对自己人生道路的一种理性规划。每个人都是不同的个体，所以自我定位的侧重点自然也就有所不同。自我定位是对梦想的一种合理规划。正如我们所说，每个人内心中都会有属于自己的梦想，如何去实现梦想，如何让自己的一生都过得充实、有意义，这并非是单一的梦想就能够概括的，而是需要通过统筹规划来辅佐，这个过程就是自我定位。

有很多年轻人对于自我定位存在一种普遍的误区，认为自我定位就等同于性格，等同于职场规划，其实这样说并不完全。自我定位包含很多方面，有家庭定位、生活定位、性格定位等等，毕竟我们的生活不是一个电脑程序，总是一成不变，所以一个完整的自我定位是非常有必要的。

## 故事穿越

每个人的自我定位不同，这就间接影响到了很多事情。日本的“水泥大王”浅田一郎在还没有发家之前，就曾经在心里给自己树立了一个远大的目标——一定要成为一个有钱人。于是他紧接着又想，如何才能成为一个有钱人呢？或者说，什么方法才能赚到钱呢？他觉得自己在乡下，机会肯定少，于是他就决定和同乡们一起去东京闯天下。

到了东京之后，他们惊讶地发现一个现象——人们拿着水桶到水龙头接自来水必须要付钱。当然啦，在现如今这个现象大家都习以为常，但在当时，还是把浅田一郎和他的小伙伴们都惊呆了。同伴们看到这个现象第一个反应是——东京真是什么都贵，连水都要钱，这个地方肯定赚不到钱。于是他们就都又买了回家的车票，离开了。但是浅田一郎的反应是——天啊，这里太好赚钱了，连自来水都能卖钱，今后他一定能够成为有钱人！就这样，浅田一郎留在了东京，最后不仅成为了有钱人，更成为日本的“水泥大王”。

## 故事微语

浅田一郎的成功，是他付出了努力取得的，但同时也是最初的这分自我定位发挥了很大的作用。一个完整的自我定位，最重要的是包括你所做的事情在大多数时间能够让你充满了斗志、充满了正能量，这是非常关键的一点。当我们内心愉悦，自然能够投入自己百分之百的精力。

我们很多人都有过类似的经历，或者说不断地会有人告诫你，干一行爱一行，如果做不到这一点，不妨找一个自己喜欢的工作。其实，工作并非是我们人生的全部，也不能成为我们痛苦的源泉。所以在自我定位之中，同样要具备这一条。

自我定位，并不仅仅包括职场方面的规划，同样也有在个性方面的。曾经一段时间内，有很多类似“二十岁不如何如何”的书籍畅销市场，其实这就是一种性格方面的自我定位。我们每个人的生长环境各不相同，自然就会形成不同类型的个性。准确的自我定位，就是充分发挥出个人特长，让我们每个人都成为这个世界上最独一无二的人！

## 心灵箴言

征服自我是胜利中最大的胜利。

——[古希腊] 柏拉图

伟人们之所以看起来伟大，只是因为我们自己在跪着。站起来吧！

——[德] 马克思

就连最伟大的天才，如果想单凭他所特有的内在自我去对付一切，他也绝不会有多大成就。

——[德] 歌德

征服世界的将是这样一些人：开始的时候，他们试图找到梦想中的乐园，最终，当他们无法找到时，就亲自创造了它。

——[爱尔兰] 乔治·肖伯纳

# 礼尚往来，有来有往才叫人情

## 故事话题

亚蒙•哈默 1898 年生于美国纽约市，是俄国移民的后裔。他的父亲朱利叶斯是坚定的社会主义者，哈默的英文名 Armand Hammer 据说即取自美国社会劳工党的旗徽“手臂(Arm)与锤子(Hammer)”。

哈默出生后仅 4 个月，父亲考上了哥伦比亚医学院，学习的 4 年中同时经营药店和制药厂，1902 年正常毕业。1919 年，同样在哥伦比亚大学就读的哈默被父亲要求接管濒临破产的制药公司，也是学业与事业并举的形式。

哈默极其兴奋地迎接了这样的挑战。时隔不久，他成了哥伦比亚医学院乃至全国院校中，独一无二的在读百万富翁。1921 年 6 月，他取得了童年时就梦寐以求的医学博士学位。

十月革命后，朱利叶斯作为美国共产党的创始人之一，对苏联十分关注，并向被封锁的布尔什维克政权提供过必需品，但由于一次医疗事故受审入狱。年轻气盛的哈默决心完成父亲未遂的愿望，去帮助苏联战胜正在那里蔓延的饥荒和伤寒。

哈默历尽艰辛，终于 1921 年初夏到达苏联。8 月初，他随一个代表团到乌拉尔地区考察。这个地区资源丰富，盛产白金、宝石、毛皮等贵重物品，但人为封锁造成该地区饥荒严重，饿殍遍野。

哈默提出自己出资，以物产换取粮食。列宁亲自接见了他，两人甚至结下真挚而深厚的友谊。美苏的易货贸易由此开始。

在莫斯科的 10 年将百万富翁提升至亿万富翁，同时哈默也用自己的努力支持了年轻的苏维埃政权。

## 故事解析

礼尚往来，不仅仅是人与人之间公平的原则，同样也是国家之间、公司之间相互合作的基础。就如同故事里所说，哈默和列宁，一个美国人和一个俄国人，他们之间通过礼尚往来的方式建立了良好的友情，同时也推动了苏维埃政权的发展和进步。

公平，是人和人之间交往的基本准则，没有人愿意和不能够公平对待自己的人交往。所以，注重礼尚往来、注重公平原则，就是在为自己的人脉关系建立良好的基础和口碑，自然而然的，也会对人生起到促进的作用。

## 故事穿越

德国作家克·菲·格勒特写过一个经典的寓言故事《瞎子和瘸子》，形象说明人与人相互帮助的真谛。

一个瘸子在马路上偶然遇见了一个瞎子，只见瞎子正满怀希望地期待着有人来带他行走。

“嘿，”瘸子说，“一起走好吗？我也是一个有困难的人，也不能独自行走。你看上去身材魁梧，力气一定很大！你背着我，这样我就可以向你指路了。你坚实的腿脚就是我的腿脚；我明亮的眼睛也就成了你的眼睛了。”

于是，瘸子将拐杖握在手里，趴在了瞎子那宽阔的肩膀上。两人步调一致，获得了一人不能实现的效果。

## 故事微语

礼尚往来，就是互通有无，在人际关系中，这是彰显公平的一个准则。尽管《瞎子和瘸子》只是一则寓言故事，但同样也是反映出了这个道理。

我们都喜欢和大度的人成为朋友，而不愿意和斤斤计较的人做朋友，并非是太过介意物质方面的付出，更重要的是，我们感受不到友情之间的平等关系。这就是礼尚往来的重要。

或者有人会说，这不过是生活中的小事，和正义、公平似乎离得太过遥远，但实际上，正是这些点滴小事汇聚成为整个人生，所以不要小看礼尚往来，也不要忽略这些小事。

## 心灵箴言

力量来自公正。

——[美] 林肯

理国要道，在于公平正直。

——吴兢

即使全世界都毁灭了，正义是不能没有的。

——[英] 罗曼·罗兰

举事以为人者，众助之；举事以自为者，众去之。

——淮南子

# 众生平等，切勿戴有色眼镜看人

## 故事话题

韩琦是宋朝的重臣，很有名。他的一个亲戚献给他一只玉盏，说是耕地的人进入在修的坟墓得到的，玉盏从里到外没有一丝斑点，果真是绝无仅有的好东西。韩琦用百两金子答谢他，特别视为珍宝。于是打开醇酒召集负责水运粮食的官员和显要官员，特意准备了一桌饭菜，用绣着花纹的衣服覆盖着，把玉盏放在上面，并准备用它来饮酒，不一会被一个武官不慎碰倒了桌子，玉盏摔得粉碎，在座的客人都很惊愕，那个武官趴在地上等着发落。韩琦却不慌不乱，笑着对那武官说："东西也有它破损的时候。"又对那个武官说："你是不小心触翻了桌子，不是故意的，你又有什么罪？"

## 故事解析

在韩琦的眼中，无论是比他身份低下的武官，还是比他地位高的官员，都是平等的。这一点值得我们所有人学习。

在现实生活中，我们常常会发现有这样的现象：有钱的看不起没钱的、城市人看不起农村人，甚至某个领域的人会看不起另外一个领域的人。这些实际上都是非常错误的认知。

所以，收起那些有色眼镜，让人性恢复到最初的样子，公平才是本质！

## 故事穿越

弗莱明是苏格兰一个穷苦的农民。有一天，他救起一个掉到深水沟里的孩子。第二天，弗莱明家门口来了一辆豪华的马车，从马车走下一位气质高雅的绅士。

见到弗莱明，绅士说：“我是昨天被你救起的孩子的父亲，我今天特地过来向你表示感谢。”

弗莱明回答：“我不能因救起你的孩子就接受报酬。”正在两人说话之际，弗莱明的儿子从外面回来了。

绅士问道：“他是你的儿子吗？”

弗莱明不无自豪地回答：“是。”

绅士说：“我们订立一个协议，我带走你的儿子，并让他接受最好的教育，如果这个孩子能像你一样真诚，那他将来一定会成为让你自豪的人。”

弗莱明答应签下这个协议。数年后，他的儿子从圣玛利亚医学院毕业，发明了抗菌药物盘尼西林，一举成为天下闻名的弗莱明·亚历山大爵士。有一年，绅士的儿子，也就是被弗莱明从深沟里救起来的那个孩子染上了肺炎，是谁将他从死亡的边缘救了回来？是盘尼西林。那个绅士的人是谁呢？他是二战前英国上议院议员老丘吉尔，绅士的儿子是谁呢？他是二战时期英国著名首相丘吉尔。

## 故事微语

当弗莱明救起落入水沟里的孩子时，在他的眼里，无论是谁，是完全平等的；而老丘吉尔也从未因为弗莱明家境贫寒而看不起他。

众生平等，是佛家的说法，但是在现如今的社会中，同样适用。人和人之间，身份、地位、富有程度等各方面都存在着巨大的差别，但只有一样是没有差别的，那就是每个人都是平等的。

公平待人，是我们学会为人处世的第一步，也是最关键的一步。只有这样，我们才能打开人生的局面，才能拥有良好的人际关系，才能更懂得生命的真谛。

## 心灵箴言

公正是施政的目的。

——[丹] 笛福

公之为言，公正无私也。

——班固

公正是赏罚分明者的美德。

——[古希腊] 亚里士多德

公者无私之谓也，平者无偏之谓也。

——何启

# 以公唯尚，做一个正直的人

## 故事话题

达尔文在完成自己的代表作《物种起源》之前，有这样一则趣事：

当时，有朋友告诉达尔文说，有一年轻人也完成了类似的学说并且正准备发表。此时，达尔文已有一定的名气，但是他并没有依靠自己的名声而大肆宣传或优先联系相关组织，而是想要放弃发表。朋友们非常不理解他的做法，纷纷劝说他与那个年轻人共同发表，公平竞争，让公众和时间来决定究竟哪一个是正确的。达尔文听从了朋友的话，这才有了《物种起源》的发表。

## 故事解析

达尔文之所以想要放弃，并非是因为他不够自信，而是不愿与人发生争执，幸好有朋友提醒他公平竞争，否则岂不是人类的损失？

在这个社会上，竞争无处不在，无论是在学生时代还是进入社会开始工作之后，我们都面临着激烈的竞争。但是面对竞争，我们同样也要寻求一个公平的机会。

公平竞争，才能够促使我们不断地完善自己，才能够形成一个正能量的循环，如果不顾规则地恶性竞争，最终也只能自食苦果。

## 故事穿越

林肯非常乐意为那些他认为受到冤屈的人辩护，但是他却拒绝为那些确实有罪的人辩护。如果在审判中发现自己的立场错误，就立刻停止辩护。

有一次，他参与了一起起诉案件。当他发现他的客户动机不良时，便拒绝为其申辩。他的一位做事不太谨慎的同事参与了辩护，并得到对他们有利的判决。辩护费为 900 美元。这位同事把其中的一半给了林肯，但是林肯一分钱也没拿。

他与他的伙伴记有详细的账目。但他的伙伴不在时，他仅拿走所得收入的一半，把另一半仔细地保存，写上同伴的名字——贝利。当被问到他这样做的原因，林肯回答道：“因为我曾经答应我的妈妈永远不拿属于别人的钱。”

## 故事微语

林肯是一个非常正直的人，他不仅有着自己鲜明的立场，同时也绝对清楚自己应该做什么，而不应该做什么。

在现实生活中，什么叫作公正呢？真正的公正就是对得起自己的心。我们每个人都有自己的行为准则，这些行为准则取决于自己内心对社会、对自己、对周围环境的认知。我们每个人都为了自己而活着，那么就需要对得起自己的心，这才是最基本的公正。而林肯做到了。

## 心灵箴言

公其心，万善出。

——方孝孺

公与平者，即国之基址也。

——何启

公则四通八达，私则一偏而隅。

——薛宣

公天下之身，公天下之物，其唯至人矣。

——列子

# 为人处世，对事不对人

## 故事话题

秦朝的残暴统治，在短短数十年之后，就被农民起义彻底瓦解。历史的长河就这样进入了“楚汉战争”阶段。

提到“楚汉相争”，自然就是指刘邦和项羽之间，为了争夺江山。关于刘邦和项羽两个人，是非常具有代表性的两个人物——刘邦出身于市井，而项羽则是典型的英雄出少年。正是因为这种身份的差异，两个人的为人处世的风格也非常不同——刘邦对待旁人，就好像是在对待自己的弟兄，为人豪爽，可是项羽对待下属则是充满了猜忌。因为身份的不同，两个人对待民众的态度也不相同——刘邦出身草莽，他内心非常清楚战争、战乱、暴力对民众的伤害有多大，所以他对待这些民众尽力安抚，并且承诺免除各种苛捐杂税。可是项羽却不能做到这些。

有很多史学家都说，项羽之所以没能够成功，最主要的一点就是项羽的自我膨胀。从他年少开始，项羽力大无穷，力拔山兮气盖世，可以说，他是在别人的夸赞中成长起来的。所以在他加入叔父的抗秦队伍之后，他就一心认为，能够取代秦朝，夺取江山的人非他莫属，对于刘邦，他其实并没有真正地把他当做敌人。

可是历史证明，由于项羽过高期待，以及对自我的错误定位，最终项羽只能在垓下中了十面埋伏，自刎于乌江之上。可以说，正是由于刘邦脚踏实地，他才赢得了楚汉之争的胜利。而项羽却成了乌江沙底的白骨。

## 故事解析

为人处世，是一种非常深奥的社会哲学，它不仅能够反映出一个人的内涵，更能够体现公平、公正的原则。

人与人之间的交往并非是单一的，而是相互的。想要让别人公平地对待自己，首先自己就要公平地对待别人。这就是一种智慧。

## 故事穿越

著名画家、散文家、教育家丰子恺非常注意对自己子女的教育问题，由于他家常常有客人来访，所以丰子恺就教育子女，待人接物方面一定要做到热情好客、知书达理。孩子们在小的时候，并不能理解这句话的意思，丰子恺就说："你们也是这个家里的小主人，作为主人，要主动给客人倒茶、添饭，并且一定要双手捧上，不能用一只手。假如用一只手给客人端茶、送饭，就好比是皇上给臣子赏赐，或是对乞丐的施舍，这是非常不恭敬的。"

有时候客人们还在吃饭，小孩子们先吃完了，坐不住了，就吵嚷着想要出去玩，或者是回自己的房间，丰子恺看到之后，并不多加阻拦。但事后，丰子恺就会将孩子们叫到面前说："我们家请客，就是主人，你们几个小孩子也是小主人。主人比客人先走，是对客人极大地不尊敬。就好像嫌人家客人吃得多，这很不好。"听完之后，孩子们再也不一吃完饭就吵嚷着要离开，而是乖乖地坐在一旁等待着。

丰子恺的这些教育，让家里的孩子们从小就知道如何去做一个知书达理的人，更让他们懂得了礼节在人际交往中的重要性。

## 故事微语

在现如今，我们所接受到的教育大部分已经被分化成了数理化、政治历史等方面的内容，但是对于“知书达理”方面却愈发薄弱了，再加上对孩子的溺爱，让很多人对于“知书达理”嗤之以鼻，认为这些不过是旧时早就应该淘汰的繁文缛节。但实际上，当懵懂的我们进入社会之后，当我们在人情冷暖面前跌倒无数次之后，才再一次地开始学习起这些并不被我们重视的“礼节”。

一个注重完美的人、一个注重自己的人脉关系的人，也一定是一个注重“礼节”的人，更是一个“知书达理”的人。这无关虚伪与否，而是我们每个人都希望得到别人的尊重，也希望得到对方的热情招待。

可是如何能够在生活中让别人感受到我们的内心呢？这就是生活的智慧，更是“知书达理”之中的一部分。正如同丰子恺教导他的子女那样，有很多生活中或许并不为人所重视的点滴，恰好就是为人处世的关键。

## 心灵箴言

笑，就是阳光，它能消除人们脸上的冬色。

——[法] 雨果

自重、自觉、自制，此三者可以引致生命的崇高境域。

——[英] 丁尼生

在所有一切有益人类的事业中，首要的一件，即教育人的事业。

——[法] 卢梭

不是每个人都要站在第一线上的，各人应该做自己份内的工作。

——[俄] 赫尔岑

# 心灵榜样微史话

**陈胜**

陈胜（？—公元前 208 年），字涉，楚国阳城人。秦朝末年农民起义的领袖之一，与吴广一同在大泽乡（今安徽宿州西南）率众起兵，成为反秦义军的先驱；不久后在陈郡称王，建立张楚政权。后被秦将章邯所败，遭车夫刺杀而死，陈胜死后被辗转埋葬在芒砀山。刘邦称帝后，追封陈胜为“隐王”。

**包拯**

包拯（999—1062），字希仁，谥孝肃，北宋庐州府合肥（今肥东县）包村人。他 28 岁中进士，曾先后任天长、端州、瀛州、扬州、庐州、池州、开封等地知县、知府，出使过契丹，还在刑部、兵部任过职，在财政部门做过副使、转运使、三司使，在监察部门做过御使、谏议大夫，最后做到枢密副使，成为朝廷的宰辅。至和三年（1056 年），以龙图阁直学士权知开封府，因不畏权贵，不徇私情，清正廉洁，当时流传有“关节不到，有阎罗包老”的赞誉。死后追赠礼部尚书，谥孝肃。他当过的天章阁待制和龙图阁直学士使他有了“包待制”“包龙图”的雅称。老百姓更喜欢直呼“包公”“包青天”。

**范仲淹：**

范仲淹（989—1052），字希文，北宋著名的政治家、思想家、军事家、文学家、教育家，世称“范文正公”。宋仁宗时，担任右司谏。景祐五年（1038 年），在与西夏李元昊的战争中，与韩琦共同担任陕西经略安抚招讨副使，采取“屯田久守”方针，协助夏竦平定战乱。庆历三年（1043 年）与富弼、韩琦等人参与“庆历新政”。提出了“明黜陟、抑侥幸、精贡举”等十项改革建议。历时仅一年。后因为遭反对，被贬为地方官，辗转于邓州、杭州、青州，晚年知杭州期间，设立义庄?，皇佑四年（1052 年）病逝于徐州，谥文正。著有《范文正公文集》。

**文天祥**

文天祥（1236—1283），初名云孙，字宋瑞，一字履善。自号文山、浮休道人。江西吉州庐陵（今属江西吉安）人，宋末政治家、文学家，爱国诗人，抗元名臣，民族英雄?，与陆秀夫、张世杰并称为“宋末三杰”。宝祐四年（公元 1256 年）状元及第，官至右丞相，封信国公。于五坡岭兵败被俘，宁死不降。至元十九年（公元 1282 年）十二月初九，在柴市从容就义。著有《文山诗集》《指南录》《指南后录》《正气歌》等。

**徐阶**

徐阶（1503—1583），字子升，号少湖，明松江府华亭县人。明代著名的内阁首辅，嘉靖朝后期至隆庆朝初年任内阁首辅。徐阶曾密疏揭发咸宁侯仇鸾的罪行，且擅写青词为嘉靖帝所信任。和严嵩一起在朝十多年，谨慎以待；又善于迎合帝意，故能久安于位。他当权时起用了以“严诬告、权轻重、详讼词、惩奸慝、省佐证”而著称于世的良臣黄光升为刑部尚书，为了使日后的权力交接显得更为顺利，引用门生张居正为裕王（后来的隆庆皇帝）讲学。徐阶的整个政治生涯中的最为人称道的就是他斗倒了权势熏天的严嵩。徐阶的忍辱负重是其政治权谋斗争中的杀手锏，而“徐阶曲意事严嵩”也成了权谋术中的经典案例。万历十一年，徐阶病卒，赠太师，谥号文贞。徐阶著有《世经堂集》《少湖文集》等。

**赵一曼：**

赵一曼（1905—1936），原名李坤泰，又名李一超，人称李姐。四川省宜宾县白花镇人。中国共产党党员，抗日民族英雄，曾就读于莫斯科中山大学，毕业于黄埔军校六期。赵一曼 1935 年担任东北抗日联军第三军二团政委，在与日寇的斗争中于 1936 年 8 月被捕就义。赵一

曼留有诗篇《滨江述怀》，其故里宜宾有“赵一曼纪念馆”，相关电影有《赵一曼》《我的母亲赵一曼》等。2010 年被评为“100 位为新中国成立做出突出贡献的英雄模范人物”之一。

**海瑞**

海瑞（1514—1587），字汝贤，号刚峰，广东琼山（今属海南）人。中国著名清官，著名的明朝二十四臣之一。他的一生，经历了正德、嘉靖、隆庆、万历四朝。

1549 年（嘉靖二十八年）海瑞参加乡试中举，初任福建南平教谕，后升浙江淳安和江西兴国知县，推行清丈、平赋税，并屡平冤假错案，打击贪官污吏，深得民心。得到提升，历任州判官、户部主事、兵部主事、尚宝丞、两京左右通政、右佥都御史等职。他打击豪强，疏浚河道，修筑水利工程，力主严惩贪官污吏，禁止循私受贿，并推行一条鞭法，强令贪官污吏退田还民，遂有“海青天”之誉。

1587 年（万历十五年），海瑞病逝于南京官邸。赠太子太保，谥忠介，明万历皇帝敕造海瑞墓，并手书“粤东正气”以示褒扬。海瑞死后，关于他的传说故事，民间广为流传。

**莫泊桑**

居伊·德·莫泊桑（1850—1893），19 世纪后半叶法国优秀的批判现实主义作家。人称“短篇小说巨匠”，与契诃夫和欧·亨利并称为“世界三大短篇小说家”，对后世产生极大影响，被誉为“短篇小说之王”。莫泊桑去世时，爱弥尔·左拉致悼词，并预言莫泊桑的作品将永垂不朽，将是“未来的学生们作为无懈可击的完美典范口口相传”的作品。代表作有《一生》《俊友》《羊脂球》等

**普希金**

亚历山大·谢尔盖耶维奇·普希金（1799—1837），是俄国著名诗人、作家，及现代俄国文学的创始人。19 世纪俄国浪漫主义文学主要代表，同时也是现实主义文学的奠基人，现代标准俄语的创始人，普希

金被称为“俄国文学之父”“俄国诗歌的太阳”。

普希金诸体皆擅，创立了俄国民族文学和文学语言，在诗歌、小说、戏剧乃至童话等文学各个领域都给俄罗斯文学创立了典范。普希金还被高尔基誉为“一切开端的开端?”。出生于贵族家庭，童年开始写诗，在沙皇政府专为培养贵族子弟而设立的皇家高等学校学习。学习期间受到当时进步的十二月党人及一些进步思想家的影响。后来发表的不少诗作抨击农奴制度，歌颂自由与进步。普希金的主要作品除了诗歌以外，主要还有长篇小说《上尉的女儿》，中篇小说《杜布罗夫斯基》《别尔金小说集》等。他的代表作《叶甫盖尼·奥涅金?》是“生活的百科全书”。普希金在创作活动上备受沙皇政府迫害。

**林肯：**

亚伯拉罕·林肯（1809—1865），美国政治家、思想家。第16任美国总统，其任总统期间，美国爆发内战，史称南北战争，林肯坚决反对国家分裂。他废除了叛乱各州的奴隶制度，颁布了《宅地法》《解放黑人奴隶宣言》。但南北战争之后北方有几个支持联邦政府的州却仍被林肯允许可继续保有奴隶制度。林肯击败了南方分离势力，维护了美利坚联邦及其领土上不分人种、人人生而平等的权利。内战结束后不久，林肯遇刺身亡，是第一个遭遇刺杀的美国总统，也是首位共和党籍总统，曾位列最伟大总统排名第一位。也是当今评出的最有作为的总统之一，（其他2位为乔治·华盛顿、富兰克林·罗斯福。）美国线上曾于2005年举办票选活动—“最伟大的美国人”，林肯被选为美国最伟大人物中的第二位。说话、办事老实，公正。公众称他为“诚实的老亚伯”和“伟大的解放者”。他说自己永远是鞋匠的儿子。

**罗斯福**

富兰克林·德拉诺·罗斯福（1822—1945），美国第32任总统，美国历史上唯一蝉联四届的总统，美国迄今为止在任时间最长的总统。美国历史上最伟大的三位总统之一，同华盛顿、林肯齐名。在1930年代经济大萧条期间，罗斯福推行新政以提供失业救济与复苏经济，并成立如公共事业振兴署、国家复兴管理局和农业调整管理局等机构来改革经济和银行体系。虽然直到第二次世界大战爆发为止，美国的经济仍未能完全复苏，但是他所发起的一些计划，如联邦存款保险公司、田纳西河谷管理局以及证券交易委员会等，仍继续在国家的商贸中扮演重要角色。除此之外，在其任内设立的一些制度，包括社会安全系统和全国劳资关系委员会等等，仍然保留至今。美国在线曾于 2005 年举办票选活动——《最伟大的美国人》，富兰克林·德拉诺·罗斯福被选为美国最伟大的人物中的第 10 位。

**诺贝尔**

阿尔弗雷德·伯纳德·诺贝尔（1833—1896），是瑞典化学家、工程师、发明家、军工装备制造商和炸药的发明者。诺贝尔生前拥有贝尔公司。此公司拥有 350 年历史，此前主要生产钢铁。诺贝尔拥有贝尔公司后把公司主要产品方向改为生产军工产品。在第二次世界大战中该公司多项产品曾授权多国生产，并受军队广泛好评。诺贝尔一生拥有 355 项专利发明，并在欧美等五大洲 20 个国家开设了约 100 家公司和工厂，积累了巨额财富。在他逝世的前一年，立嘱将其遗产的大部分（约 920 万美元）作为基金，将每年所得利息分为 5 份，设立物理、化学、生理或医学、文学及和平 5 种奖金（即诺贝尔奖），授予世界各国在这些领域对人类作出重大贡献的人。其中炸药为最为出名的一项。人造元素锘就是以诺贝尔命名的。

**丘吉尔**

温斯顿·伦纳德·斯宾塞·丘吉尔（1874 年 11 月 30 日—1965 年 1 月 24 日），英国历史学家、政治家、画家、演说家、作家、记者。他的《不需要的战争》获 1953 年诺贝尔文学奖，著有《第二次世界大战回忆录》6 卷、《英语民族史》4 卷等。是历史上掌握英语单词词汇量最多的人之一（20 万多），被美国《展示》杂志列为近百年来世界最有说服力的八大演说家之一，曾荣获诺贝尔和平奖提名。1940—1945 年、1951-1955 年期间曾两度任英国首相，被认为是 20 世纪最重要的政治领袖之一，带领英国获得第二次世界大战的胜利。1929 年至 1965 年临终，连续 36 年担任英国布里斯托大学校长。2002 年，BBC 举行了一个名为“最伟大的 100 名英国人”的调查，结果丘吉尔获选。

# 心灵修养用语微解

**公平：** 指公正，不偏不倚。一般是指所有的参与者（人或者团体）的各项属性（包括投入、获得等）平均。

**虚荣：** 指表面上的荣耀；虚假的荣名。是本身不存在的好的事物。是对自身的外表、学识、作用、财产或成就表现出的妄自尊大。

**正义：** 对政治、法律、道德等领域中的是非、善恶作出的肯定判断。作为道德范畴，与“公正”同义，主要指符合一定社会道德规范的行为。

**价值观：** 是指人们在认识各种具体事物的价值的基础上，形成的对事物价值的总的看法和根本观点。一方面表现为价值取向、价值追求，凝结为一定的价值目标；另一方面表现为价值尺度和准则，成为人们判断价值事物有无价值及价值大小的评价标准。

**人生观：** 人生观是指对人生的看法，也就是对于人类生存的目的、价值和意义的看法。人生观是由世界观决定的。人生观是一定社会或阶级的意识形态，是一定社会历史条件和社会关系的产物。人生观的形成是在人们实际生活过程中逐步产生和发展起来的，受人们世界观的制约。

**世界观：** 也叫宇宙观，是哲学的朴素形态。世界观是人们对整个世界的总的看法和根本观点。由于人们的社会地位不同，观察问题的角度不同，形成不同的世界观。也叫宇宙观。哲学是其理论表现形式。世界观的基本问题是精神和物质、思维和存在的关系问题，根据对这两者关系的不同回答，划分为两种根本对立的世界观基本类型，即唯心主义世界观和唯物主义世界观。

**以理服人：** 指用道理来说服人。

**恰到好处：** 刚好。指说话做事正好到了最合适的地步。

**游刃有余**：比喻技术熟练，经验丰富，解决问题毫不费力。

**患得患失**：忧虑利益的得失。后引申为一味担心得失，斤斤计较个人的利害。

**淡泊名利**：意为轻视外在的名声与利益。

**惩恶扬善**：惩罚恶势力，奖励、宣扬善良的意志。

**豁然开朗**：豁然：形容开阔；开朗：开阔明亮。从黑暗狭窄变得宽敞明亮。比喻突然领悟了一个道理。

**明辨是非**：分清楚是和非、正确和错误。出自《礼记·中庸》："慎思之，明辨之，笃行之。"

**明镜高悬**：比喻官员判案公正廉明，执法严明，判案公正，办事公正无私。也比喻目光敏锐，识见高明，能洞察一切。

**礼尚往来**：在礼节上注重有来有往，借指用对方对待自己的态度和方式去对待对方。《礼记·曲礼上》："太上贵德，其次务施报，礼尚往来，往而不来，非礼也；来而不往，亦非礼也。"

**为人处世**：是指为人和处世的总称。为人就是做人，"处"就是处理、接触，"世"就是外界的环境以及各种各样的事物。总的意思就是一个人生活在世上对待事情以及事务的处理方式与方法。

**刚正不阿**：。刚：刚直；正：正直；不阿：不逢迎。刚直方正而不逢迎附和。阿：迎合，偏袒。刚强正直，不逢迎，无偏私。清·蒲松龄《聊斋志异·一员官》："济南同知吴公，刚正不阿。"明·余继登《典故纪闻》卷十四："有正大不阿，不行私谒者，便以为不贤。"

**审时度势**：观察分析时势，估计情况的变化。出自明·沈德符《万历野获编·乡试遇水火灾》："刘欲毕试以完大典，俱审时度势，切中事理。"和洪仁玕《资政新篇》："夫事有常变，理有穷通。故事有今不可行而可豫定者，为后之福；有今可行，而不可永定者，为后之祸。其理在于审时度势，与本末强弱耳。